Das große Familienkochbuch

Julia Hofer

DAS GROSSE
FAMILIEN
KOCHBUCH

Einmal kochen, zweimal genießen
120 Rezepte, die allen schmecken

Fotografiert von Andre Schneider

AT Verlag

Bei den Rezepten finden Sie folgende Symbole:

 Dieses Rezept ist ein Doppelrezept: Heute gut planen und morgen ganz einfach eine zweite Mahlzeit zubereiten.

 Hier können Sie Vorräte anlegen.

 Dieses Gericht lässt sich gut einfrieren.

© 2014
AT Verlag, Aarau und München
Lektorat: Nicola Härms, Rheinbach
Fotos: Andre Schneider, Winterthur
Gestaltungskonzept: Andre Schneider
Gestaltung und Satz: AT Verlag, Aarau
Bildaufbereitung: Vogt-Schild Druck, Derendingen
Druck und Bindearbeiten: Printer Trento, Trento
Printed in Italy

ISBN 978-3-03800-790-6

www.at-verlag.ch

Inhalt

Vorwort	7
Frühstück & Snacks	11
Suppen	39
Salzige Kuchen, Pizza & Co.	67
Pasta, Reis & Co.	83
Gemüse	139
Fleisch	191
Hülsenfrüchte	225
Süßes	245
Turborezepte	285
Küchenwissen	293
Register	302

Vorwort

Bevor wir Kinder hatten, kochten wir original thailändisch, nach ausgeklügelten italienischen Rezepten, mit scharfen japanischen Messern und am liebsten stundenlang. Und fehlte uns die Lust zum Kochen, gingen mein Mann und ich ganz selbstverständlich in unser Lieblingslokal und bestellten dort die hausgemachten Zitronenravioli. Seit wir Eltern geworden sind, gehen wir kaum noch auswärts essen. Dafür kochen wir jetzt ununterbrochen. Vor dem Essen halten wir hungrige Quengelkinder mit Gurken und Karotten hin. Bei den Mahlzeiten tun wir so, als ob uns die »Wääk!« und »Bäh!« und »Mag ich nicht!«, die uns triumphierend entgegenschallen, nichts ausmachen würden. Nach dem Essen verhandeln wir darüber, ob es noch ein Dessert gibt und wie üppig dieses ausfallen soll. Die Bedeutung des Kochens und Essens hat seit der Familiengründung dramatisch zugenommen, ja, man kann sagen, die Mahlzeiten sind zu leuchtturmähnlichen Fixpunkten in unserem Leben geworden. Noch nie standen wir so oft in der Küche wie heute. Wahrscheinlich gerade deswegen ist das Kochen allzu oft zu einer eiligen Antwort auf die Frage: »Was koche ich heute bloß wieder?« verkommen.

    Dieses Kochbuch ist entstanden, weil ich wieder richtig gut essen wollte. Ich konnte sie nicht mehr sehen, die Fertig-Gnocchi und immer gleichen Tomatenspaghetti. Stattdessen sehnte ich mich nach langsam geschmortem Hackbraten und selbst gemachtem Kuchenteig. Wie aber bekommt man als berufstätige Mutter diesen Seelen-Slow-Food auf den Tisch? Ich fand eine sehr einfache Antwort auf diese Frage: indem man auf Vorrat kocht. So wie es schon meine Großmutter getan hat. Ich entwickelte eine Leidenschaft für Rezepte, die nach dem Motto »einmal kochen, zweimal essen« funktionieren. Gerichte, die man in einer größeren Menge brutzeln und später ins Tiefkühlfach packen kann – für ein super-entspanntes Abendessen ohne Kochen und beinahe ohne Abwasch. Und ich erfand sogenannte Doppelrezepte, die sich in der doppelten Menge zubereiten und am nächsten Tag ohne großen Aufwand in eine andere Leckerei verwandeln lassen. Warum nicht gleich ein richtig großes Stück Siedfleisch kochen und die eine Hälfte zu einem Vitello tonnato weiterverarbeiten? Oder, anstatt auf einem lächerlichen Rest Pasta sitzen zu bleiben, gleich so viel in den Topf schmeißen, dass es am Tag darauf auch noch für einen Auflauf reicht? Diese Art zu kochen ist gesund – nicht, weil die darin enthaltenen Vitamine und Spurenelemente abgezählt wären, sondern weil das Essen aus gesunden Zutaten gekocht und frei von zweifelhaften Zusatzstoffen ist. Mit ein bisschen Planung bin ich eine effizientere Köchin geworden und habe heute Menüs im Repertoire, die es früher nie auf unseren Tisch geschafft hätten, weil mir ihre Zubereitung ohne Vorkochen schlicht zu aufwendig war.

    Apropos Abwechslung: Ich kenne Eltern, die ihren Speiseplan auf zehn Gerichte »eingedampft« haben, weil ihre Kinder dieses und jenes und sowieso fast alles nicht gerne essen. Da darf man sich zu Recht fragen: Sollen sich Eltern tatsächlich dem kulinarischen Niveau von Sechsjährigen anpassen? Ich finde: nein. Oder vielleicht besser gesagt: nicht ständig. Denn Eltern sind ganz einfach schlecht drauf, wenn sie sich nur noch von Würstchen, Spaghetti, Erbsen und Maissalat ernähren müssen. Umgekehrt lernen Kinder ein Kartoffel-Linsen-Curry nur dann schätzen, wenn sie auch die Gelegenheit haben, es zu probieren. Dieses Buch ist deshalb nicht einfach eine Sammlung ausgeklügelter Kinder-Spaß-Rezepte. Es versucht vielmehr den Spagat zwischen Essen, das Eltern schmeckt, und Essen, das Kindern schmeckt. Dabei bin ich immer für einen Kompromiss zu haben. Eine Tarte etwa kann man auf der einen Hälfte »for adults only« und auf der anderen kindgerecht belegen. Kräuter und Zwiebeln stellen wir für Interessierte häufig separat auf den Tisch. So sind am Schluss alle glücklich.

Gerade weil es beim Essen immer auch darum geht, über den eigenen Tellerrand hinauszuschauen, wollte ich in diesem Buch nicht nur erprobte Familienrezepte vorstellen. Kulinarische Persönlichkeiten aus der Schweiz vom Sirupier de Berne bis hin zu den Wirtinnen des Restaurants Alpenrose in Zürich haben es mit Rezepten für ganz besondere Leckerbissen bereichert.

Eltern wissen, dass die gemeinsamen Mahlzeiten nicht nur kulinarische Erlebnisse, sondern so etwas wie der Brennpunkt des Familienlebens sind: Bei Tisch wird das unlösbare Problem der stets unfairen Mannschaftsaufteilung beim Fußballspielen ebenso diskutiert wie das Aufdrehen der Spaghetti mit der Gabel gelernt wird, und ganz nebenbei bekommen unsere Kinder auch noch mit, was gesunde Ernährung bedeutet. Essen ist eine vielschichtige Angelegenheit, die mit Kommunikation, Erziehung, Gesundheit und hoffentlich immer auch mit Genuss zu tun hat. Es freut mich, dass ich einige dieser Fragen rund um das Familienessen mit spannenden Gesprächspartnern erörtern durfte; das Resultat dieses Gedankenaustausches lässt sich in drei Interviews nachlesen.

Dieses Kochbuch ist als Familienprojekt entstanden. Ich habe gekocht, mein Mann und hingebungsvollster Esser hat unter beinahe unmenschlichen Bedingungen fotografiert: Kurz vor zwölf habe ich ihm jeweils unser Mittagessen ins Atelier gebracht, wo er es mit knurrendem Magen abgelichtet hat. Während der Rest der Familie, ebenfalls hungrig, ihn lautstark dazu drängte, die Kamera doch endlich beiseitezulegen. Weil wir uns aufs Essen stürzen wollten.

Unsere Kinder Lino und Charlotte waren es, die mich das unermüdliche und mit der Zeit auch effiziente Kochen überhaupt erst gelehrt haben. Sie waren es auch, die mich immer wieder mit ihrer Küchenbegeisterung angesteckt haben, wenn ich zwischendurch doch einmal lustlos in der Suppe gerührt habe: Für sie war und ist unsere Küche Abenteuerspielplatz, Labor und Schlaraffenland gleichzeitig. Eine Reihe unserer »Küchenexperimente« haben wir zwischen diesen Buchdeckeln dokumentiert. Auf dass sie eifrige Nachahmer finden. Denn wie heißt es so schön? Wer kochen kann, kann alles.

Julia Hofer

Vorwort

Frühstück & Snacks

Knuspermüsli

Ich kenne keine Familie, die ohne Knuspermüsli oder irgendwelche andersartigen -flakes, -puffs, -pops oder -crispies auskommt. Sie kommen als Zwischendurch-Futter zum Einsatz, als Snack am Nachmittag oder werden zum Frühstück gegessen, wenn das Brot ausgegangen ist. Die Auswahl ist riesig – aber gesund sind leider kaum welche. Nicht wenige dieser sogenannten Frühstücksflocken bestehen aus einem Drittel oder sogar noch mehr Zucker. Es lohnt sich deshalb, ein bisschen Zeit und Liebe in ein eigenes Müsli zu investieren. Dieses moderat gesüßte Knuspermüsli ist nicht nur gesund, sondern auch total lecker.

Für 1 Ein-Liter-Glas

250 g grobe Haferflocken
60 g Kokosraspel
50 g Sonnenblumenkerne
20 g Haselnüsse oder Cashewnüsse, grob gehackt
20 g Sesam
20 g Mandeln, grob gehackt
20 g Pistazien, grob gehackt
4 EL Ahornsirup
4 EL Rapsöl
2 EL Apfelsaft

Alle trockenen Zutaten in einer Schüssel gründlich vermischen. Den Ahornsirup, das Rapsöl und den Apfelsaft zugeben und gut umrühren. Die Mischung auf einem mit Backpapier belegten Backblech verteilen.

Bei 140 Grad Ober- und Unterhitze 15–20 Minuten backen, bis die Mischung zum Anbeißen aussieht. Gelegentlich umrühren, damit die oberste Müslischicht nicht verbrennt.

Das schmeckt auch: Dieses Müsli kann beliebig variiert werden. Wichtig ist nur, dass auf 440 g trockene Zutaten 6 Esslöffel nasse (Ahornsirup und Apfelsaft) sowie 4 Esslöffel Öl kommen. Man kann die Mischung vor dem Rösten mit dem ausgeschabten Mark einer Vanilleschote aromatisieren. Oder nach dem Rösten 100 g gehackte Datteln, getrocknete Äpfel oder Aprikosen dazugeben. Zum Süßen kann auch Honig oder Birnendicksaft verwendet werden.
Das können Kinder tun: Den Posten an der Küchenwaage übernehmen.
Haltbarkeit: In einem verschlossenen Glas oder Beutel 4 Wochen.

Ruchbrot

Brote müssen nicht besonders originell sein, ein einfaches Ruchbrot schmeckt immer und zu allem. Dieses Rezept mag ich besonders, weil der Roggenanteil für zusätzlichen Geschmack sorgt.

Für 2 Brote

200 g Roggenvollkornmehl
800 g Ruchmehl (Type 1050)
4 TL (20 g) Salz
30 g frische Hefe

Für das Brotgewürz
1 EL Fenchelsamen
1 EL Anissamen
1 EL Koriandersamen
½ EL Kümmel (europäischer, kein Kreuzkümmel)

Für das Brotgewürz die Fenchel-, Anis- und Koriandersamen mit dem Kümmel in der Küchenmaschine oder im Mörser zerkleinern.

Für den Brotteig das Roggenvollkornmehl in eine Schüssel geben, mit 600 ml zimmerwarmem Wasser übergießen und 15 Minuten stehen lassen. Das Ruchmehl in einer großen Schüssel mit 1 Teelöffel des Brotgewürzes und dem Salz mischen und eine Mulde hineindrücken. Die Hefe in 200 ml Wasser auflösen und gemeinsam mit dem flüssigen Roggenvollkornteig in die Mulde geben.

In der Maschine oder von Hand etwa 10 Minuten zu einem glatten Teig kneten. Wenn man den Teig während des Knetens zwischendurch auf den Tisch schlägt, nimmt einem die Schwerkraft einen Teil der Arbeit ab. Den Teig zugedeckt etwa 2 Stunden um das Doppelte aufgehen lassen.

Aus dem Teig 2 Brotlaibe formen und diese auf ein Backblech setzen. Den Backofen auf 240 Grad Ober- und Unterhitze vorheizen. Die Brote vor dem Backen noch einmal etwa 20 Minuten aufgehen lassen, anschließend auf der Oberseite zwei- bis dreimal schräg einschneiden und in den Ofen schieben. Die Temperatur sogleich auf 220 Grad reduzieren. Die Brote sind fertig, wenn sie beim Klopfen auf die Unterseite hohl klingen.

Das schmeckt auch: Graham- oder Vollkorn- anstatt Roggenvollkornmehl verwenden.
Das können Kinder tun: Kneten und die Brote formen.
Haltbarkeit: Das Brot ist gefroren 2–4 Monate haltbar. Gut in Alufolie oder in Gefrierbeutel einpacken und die Luft rauspressen oder mit einem Strohhalm raussaugen, damit es keinen Gefrierbrand gibt.
Auftauen: Das Brot in der Verpackung über Nacht bei Zimmertemperatur auftauen lassen. Man kann es auch antauen lassen, die Kruste befeuchten und (natürlich ohne Verpackung) im Ofen aufbacken.

Bananenshake

Vielleicht kennen Sie das Problem: Kaum haben Bananen einige braune Flecken, will sie keiner mehr essen. Es sei denn, man bereitet aus ihnen diesen unverschämt guten Bananenshake zu.

Für 2 Portionen

2 Bananen
2 TL Honig
100 ml Apfelsaft
250 g Naturjoghurt

Alle Zutaten in eine hohe Rührschüssel geben, gut mixen und sofort genießen.

Das schmeckt auch: Ein paar Himbeeren oder Erdbeeren dazugeben. Oder 1 Banane durch 1 Kiwi und den Apfelsaft durch Orangensaft ersetzen. Oder: 1 Handvoll Haferflocken in 300 ml Milch geben und einige Minuten stehen lassen, damit die Flocken quellen können. Unterdessen 200 g Naturjoghurt, 6 entkernte Datteln, 1 gehäuften Esslöffel gemahlene Mandeln sowie 2 Bananen in den Mixer geben und mixen. Dieser nur mit Datteln gesüßte Powerdrink ist zurzeit unser Favorit.
Haltbarkeit: Wer mehr Bananen vor dem Verderben retten muss, kann das gemixte Bananenmus (oder geschälte und in grobe Stücke zerteilte Bananen) luftdicht verpacken und bis zu 6 Wochen einfrieren. Im Kühlschrank auf- oder – für einen eiskalten Shake – antauen und mit den restlichen Zutaten mixen. Das Fruchtfleisch hat aufgetaut eine etwas dunklere Farbe, aber den vollen Geschmack.

Küchenexperiment: Quittengelee

Wenn ich bis ans Ende meiner Tage dieselbe Konfitüre essen müsste, ich würde mich für Quittengelee entscheiden. Jeden Herbst fülle ich alle unsere Marmeladengläser mit dem köstlichen lachsfarbenen Saft. Eigentlich dachte ich bisher immer, unsere Kinder könnten mir weder beim Schneiden der Früchte (zu hart) noch beim Einfüllen des Gelees (zu heiß) helfen – aber diesmal ließen sie sich nicht abwimmeln. Und eigentlich kann ich sie ja verstehen: Wann bietet sich einem sonst schon die Gelegenheit, einen riesigen Topf voller Quittenmus durch ein Tuch zu mantschen?

Ergibt etwa 14 Gläser à 300 ml Inhalt

8 Quitten
1 Zitrone, Saft
100 ml Weißwein
pro Kilo Saft 500 g Gelierzucker (bei mir hat es 1,4 kg gebraucht)

Außerdem
1 Stuhl mit 4 Beinen
1 sauberes Küchentuch, das nicht nach Waschpulver riecht
Schnur
1–2 große Schüsseln
ungefähr 14 Marmeladengläser à 300 ml Inhalt
eventuell ein Einfülltrichter

Die Quitten mit einem Tuch abreiben, um den feinen Flaum zu entfernen, und sie danach waschen. Die Früchte mitsamt der Schale und dem Gehäuse in Stücke schneiden. Weil das Kraft und ein großes Messer braucht, müssen das Erwachsene tun.

Die Quittenstücke in einem großen Topf knapp mit Wasser bedecken und weich kochen, das dauert 30–40 Minuten. Den Zitronensaft und den Weißwein zugeben und alles 24 Stunden stehen lassen.

Jetzt können Kinder helfen: Einen Stuhl verkehrt herum auf den Tisch stellen (1) und an jedem der 4 Stuhlbeine mit einer Schnur die Ecke eines Küchentuches befestigen. Eine Schüssel unter das Tuch stellen und den Quittensud sorgfältig durch das Tuch in die Schüssel leeren. Dabei jeweils warten, bis die Flüssigkeit durchgelaufen ist, eventuell mit einem Schaber sanft streichen (2). Die Schüssel auswechseln, wenn sie voll ist. Am Schluss auch noch die Quittenstücke ins Tuch leeren.

Wenn der Saft durch das Tuch geflossen ist, löst ein Erwachsener die 4 Ecken des Küchentuches von den Stuhlbeinen und hält sie so zusammen, dass ein oben geschlossener Beutel entsteht. Jetzt dürfen die Kinder mit ganzer Kraft den Mus-Beutel kneten (3). Wenn kein Saft mehr herauskommt, den Beutel weglegen. Wer will, darf die schleimigen Quitten jetzt noch durch die Hände mantschen.

Jetzt müssen wieder die Erwachsenen ran: den Quittensaft mit dem Gelierzucker in einen großen Topf geben und aufkochen. Nach 4 Minuten etwas Saft auf einen Teller tropfen lassen und schauen, ob er bereits geliert. Ist dies der Fall, den Saft heiß in sterilisierte Marmeladengläser einfüllen. Hierbei leistet ein Einfülltrichter nützliche Dienste.

Die Gläser schnell verschließen und etwa 10 Minuten auf den Kopf stellen. Danach umdrehen und kontrollieren, ob sich ein Vakuum gebildet hat (der Deckel lässt sich nicht mehr eindrücken). Jetzt kann man die Gläser vollständig auskühlen lassen.

Tipp: Ich wasche die Gläser und Deckel zum Sterilisieren jeweils in der Spülmaschine und stelle sie kopfüber auf ein sauberes Tuch, bis sie gebraucht werden.

Haltbarkeit: Dunkel aufbewahrt, ist Quittengelee etwa 1 Jahr haltbar. Nach dem Öffnen in den Kühlschrank stellen.

Pausenbrötchen mit Aprikosen und Nüssen

Gebe ich meinen Kindern einen Apfel mit in die Schule, denke ich: Davon werden sie doch nicht satt! Und gebe ich ihnen Cracker mit, fühle ich mich schlecht, weil ich schon wieder keine Vitamine verfüttere! Diese Dinkel-Pausenbrötchen sind der Ausweg aus dem Dilemma.

Ergibt 12 Stück, die Hälfte zum Einfrieren

200 g dunkles Dinkelmehl
200 g helles Dinkelmehl
100 g Roggenvollkornmehl
2 TL Salz
½ TL Brotgewürz (siehe Seite 14)
2 EL Honig

40 g frische Hefe
400 ml lauwarme saure Buttermilch
1 Handvoll getrocknete Aprikosen
1 Handvoll Haselnüsse
Mehl zum Bestäuben

Alle Mehlsorten mit dem Salz und dem Brotgewürz mischen und eine Mulde ins Mehl drücken. Den Honig und die Hefe in der Buttermilch auflösen.

Die Buttermilch-Mischung in die Mehlmulde geben und alles zu einem Teig verkneten. Dinkelmehl darf (vor allem in Verbindung mit Roggenvollkornmehl) nicht zu stark geknetet werden: entweder von Hand etwa 8 Minuten bearbeiten oder in der Küchenmaschine bei mittlerer Geschwindigkeit etwa 5 Minuten glatt kneten. Den Teig 1½–2 Stunden zugedeckt an einem warmen Ort um das Doppelte aufgehen lassen.

Vom Teig Stücke abschneiden und zu runden Brötchen formen. Darin jeweils 1 Aprikose und einige Haselnüsse verstecken, sodass sie ganz vom Teig umhüllt sind (und nicht verbrennen können). Den Ofen auf 210 Grad Umluft vorheizen.

Die Brötchen auf ein mit Backpapier belegtes Blech legen, auf der Oberseite kreuzweise einschneiden, mit Mehl bestäuben und etwa 20 Minuten ruhen lassen.

Danach dürfen sie in den vorgeheizten Backofen. Die Temperatur sogleich auf 160 Grad reduzieren. Nach 15–20 Minuten auf die Unterseite der Brötchen klopfen: Wenn es hohl klingt, sind sie fertig.

Das schmeckt auch: Andere Trockenfrüchte, zum Beispiel Rosinen oder Mango und Cranberrys verwenden.
Das können Kinder tun: Die Brötchen formen.
Haltbarkeit: Die Brötchen sind gefroren etwa 1 Monat haltbar. Gut in Alufolie oder in Gefrierbeutel einpacken und die Luft rauspressen oder mit einem Strohhalm raussaugen, damit es keinen Gefrierbrand gibt.
Auftauen: Die Brötchen in der Verpackung über Nacht bei Zimmertemperatur auftauen lassen. Man kann sie auch antauen lassen, die Kruste befeuchten und im Ofen aufbacken.

Zopftiere

Wie kommt man am Sonntagmorgen zu ofenfrischen, selbst gebackenen Zopftieren? Ganz einfach: Man bereitet den Teig am Vorabend zu und lässt ihn über Nacht im Kühlschrank aufgehen. Am Sonntagmorgen braucht man dann bloß noch die Tiere zu formen und in den Ofen zu schieben.

Ergibt 12 Tiere, einige können eingefroren werden

750 g Halbweißmehl (Type 550)
¾ EL Salz
140 g kalte Butter
375 ml kalte Milch
9–10 g frische Hefe
1 kühlschrankkaltes Ei
Haselnüsse, Mandeln und Rosinen
1 Ei zum Bestreichen

Mehl und Salz in einer Schüssel vermischen. Die kalte Butter klein schneiden und auf das Mehl geben. Die kalte Milch in einen Rührbecher geben und die Hefe darin auflösen. Das Ei dazugeben und alles mit dem Schwingbesen verquirlen. Die Flüssigkeit zur Mehlmischung geben. Den Teig 10 Minuten kneten, dann in eine etwa doppelt so große Schüssel legen und mit Frischhaltefolie abdecken, damit er nicht austrocknet. Da die Frischhaltefolie durch das Aufgehen des Teigs »abgehoben« werden kann, zusätzlich die Schüssel mit einem Deckel oder mit Frischhaltefolie abdecken. Den Teig über Nacht etwa 12 Stunden im Kühlschrank aufgehen lassen.

Den Teig in 12 Portionen teilen, aus jedem Teigling ein Tier formen. Haselnüsse, Mandeln und Rosinen als Augen und Ohren tief in den Teig drücken, damit sie beim Backen nicht herausfallen. Die fertigen Tiere auf ein mit Backpapier belegtes Blech legen. Das Ei verquirlen und die Tiere damit bestreichen. Das Blech nun für 15 Minuten in den Backofen stellen, dabei nur das Backofenlicht einschalten. Durch die Wärme des Lichts erwärmt sich der Ofen gerade so viel, dass der Teig weiter aufgeht.

Nach 15 Minuten den Ofen auf 180 Grad Ober- und Unterhitze schalten, die Zopftiere bleiben dabei im Ofen. Ist der Ofen erst einmal aufgeheizt, kann man auf 170 Grad Umluft umschalten und den kleinen Zoo in rund 15 Minuten fertig backen. Klingen die Tiere beim Klopfen auf die Unterseite hohl, sind sie fertig.

Das schmeckt auch: Ein kleines Stück Schokolade in den Teig stecken.
Das können Kinder tun: Einen Zoo erfinden. Die Tiere dekorieren.
Tipp: Wenn man den Teig über Nacht aufgehen lässt, wird er besonders locker, allerdings darf die Hefemenge bei dieser sogenannten langen Teigführung nicht mehr als 1–2 Prozent der Mehlmenge ausmachen. Gibt man mehr Hefe dazu, besteht die Gefahr, dass der Teig unangenehm nach Hefe riecht oder beim Backen nicht mehr aufgeht. Ebenfalls wichtig: die Zutaten kühl zu einem Teig zusammenfügen.
Haltbarkeit: Die Zopftiere überleben problemlos 1 Monat im Tiefkühlschrank. Über Nacht auftauen lassen, mit wenig Wasser benetzen und kurz aufbacken.

Mangojoghurt

In gekauften Früchtejoghurts sind kaum Früchte drin, auch wenn die Verpackung etwas anderes verspricht. Deshalb kaufe ich jedes Mal, wenn ich beim türkischen Gemüsehändler vorbeikomme, zwei Mangos, püriere sie und vermische das Fruchtfleisch mit Naturjoghurt. Zucker braucht es keinen zusätzlich, weil Mangos ziemlich süß sind.

Für 6–8 Portionen

2 Mangos
2 große Becher Naturjoghurt (à 500 g)

Die Mangos schälen und das Fruchtfleisch vom Stein schneiden. Das Fruchtfleisch mit dem Joghurt pürieren.

Das schmeckt auch: Während der Beerensaison die Mangos durch Erdbeeren, Himbeeren oder Heidelbeeren ersetzen. Im Winter kann man auch tiefgekühlte Himbeeren verwenden.
Das können Kinder tun: Mixen und neue Joghurtsorten erfinden.
Haltbarkeit: Da Naturjoghurt sauer ist und die Frucht konserviert, hält sich der Mangojoghurt im Kühlschrank 3–4 Tage.

Das 5-Minuten-Vollkornbrot

Ich backe mein Brot gerne im Brotbackautomaten: Abends schmeiße ich alle Zutaten in die Kiste und programmiere sie so, dass sie mitten in der Nacht zu kneten und zu backen beginnt. Am nächsten Morgen gibt es ofenwarmes Brot zum Frühstück! Mit diesem genialen Rezept zeige ich Ihnen, wie Sie in fünf Minuten ein Brot backen. Ganz ohne Brotbackautomaten.

Für 2 Brote, eines kann tiefgekühlt werden

2 Päckchen Trockenhefe
4 EL Balsamicoessig
500 g Vollkornmehl
360 g Ruchmehl (Type 1050)
140 g Roggenvollkornmehl
4 TL Salz
2 TL Brotgewürz (siehe Seite 14)
300 g Sonnenblumenkerne

Die Trockenhefe in 900 ml handwarmem Wasser auflösen, dann den Balsamicoessig zugeben. Die 3 Mehlsorten mit dem Salz und dem Brotgewürz mischen. Die Hefe-Wasser-Mischung zum Mehl geben und mit dem Knethaken des Mixers oder von Hand kurz durchkneten, bis ein homogener, klebriger Teig entstanden ist. Die Sonnenblumenkerne – etwa 4 Esslöffel zurückbehalten, die kommen später auf das Brot – dazugeben und gut mischen.

Den Teig mit einem Teigschaber in 2 mit Backpapier ausgelegte Formen geben, die restlichen Sonnenblumenkerne auf den Broten verteilen und diese an einem warmen Ort 20 Minuten ruhen lassen. Das funktioniert gut im Backofen, wenn nur das Licht eingeschaltet ist.

Nach 20 Minuten den Ofen auf 180 Grad Umluft einstellen (die Brote bleiben im Backofen, während er aufheizt) und die Brote in etwa 1 Stunde fertig backen. Sie sind gut, wenn es beim Klopfen gegen die Unterseite hohl klingt. Ein Brot anschneiden, das andere gut einpacken und tiefkühlen.

Das schmeckt auch: Anstelle von Sonnenblumenkernen eine Kerne-Mischung, Leinsamen oder Kürbiskerne in den Teig geben.
Das lieben Kinder: Reine Vollkornbrote sind Kindern oft etwas zu schwer, experimentieren Sie deshalb mit der Mehlmischung. Wichtig: Der Roggenmehlanteil sollte nicht mehr als ein Fünftel der gesamten Mehlmenge ausmachen, da bei diesem Rezept kein Sauerteig verwendet wird.
Haltbarkeit: Das Brot ist gefroren 2–4 Monate haltbar. Gut in Alufolie oder in Gefrierbeutel einpacken damit es keinen Gefrierbrand gibt.
Auftauen: Das Brot in der Verpackung über Nacht bei Zimmertemperatur auftauen lassen. Man kann es auch antauen lassen, die Kruste befeuchten und (natürlich ohne Verpackung) im Ofen aufbacken. Das Brotgewürz ist in einem verschlossenen Glas mehrere Wochen haltbar.

Küchenexperiment: Brotaufstrich aus Haselnüssen und Schokolade

Unser erster Versuch, einen Nutella-ähnlichen Brotaufstrich zu kreieren, war nur mäßig erfolgreich. Die Kinder gaben dem zuckersüßen, käuflichen Produkt den Vorzug. Doch mit diesem Rezept schafften wir den Durchbruch: Dem herrlich nussigen Geschmack dieses Brotaufstrichs kann einfach niemand widerstehen.

Ergibt 5 Gläser à 200 ml, wovon man mindestens 3 Gläser an gute Freunde verschenken sollte

400 g ungeschälte Haselnüsse
130 g Puderzucker
400 g Vollmilchschokolade
240 g Butter
150 ml Milch

Die Haselnüsse auf einem Backblech verteilen und etwa 10 Minuten im auf 200 Grad vorgeheizten Backofen rösten, dann aus dem Ofen nehmen und abkühlen lassen.

Sind die gerösteten Nüsse so weit erkaltet, dass sich niemand an ihnen verbrennen kann, dürfen die Küchenhelfer sie so lange in einem Küchentuch gegeneinanderreiben, bis der größte Teil der Nussschalen abgefallen ist (1). Die Haselnüsse aus den Schalen herauslesen und in der Küchenmaschine hacken.

Etwa die Hälfte des Puderzuckers in eine beschichtete Bratpfanne geben und bei großer Hitze abwarten, bis der Zucker zu schmelzen beginnt. Nicht rühren, sonst klebt der ganze Zucker am Löffel. Beginnt der Zucker zu schmelzen, den Herd auf mittlere Hitze stellen und den restlichen Puderzucker nach und nach auf den bereits flüssigen Zucker geben. Ist beinahe alles geschmolzen, mit einem Holzlöffel sorgfältig rühren. Da Karamell extrem heiß ist, sollte dies ein Erwachsener tun.

Ist der ganze Puderzucker geschmolzen, die Pfanne vom Herd ziehen, die gehackten Nüsse hineingeben und gut rühren. Der Karamell verklumpt etwas, das macht aber nichts. Nun geben die Kinder die Masse wieder in die Küchenmaschine und bearbeiten sie so lange (mit dem Messeraufsatz), bis sie ein bisschen flüssiger wird und einen öligen Glanz bekommt. Falls eine kleinere Küchenmaschine im Einsatz ist, jeweils nach etwa 2 Minuten den Motor ausschalten und abkühlen lassen, damit er nicht überhitzt.

Nun die Schokolade schmelzen (siehe Tipp), zur Nussmasse geben und gut rühren (2). Die Butter in Stücke schneiden, ebenfalls beigeben und so lange rühren, bis sie geschmolzen ist (3). Am Schluss die Milch einrühren und den Aufstrich in saubere Gläser abfüllen. Falls sich beim Abkühlen des Brotaufstrichs zuoberst im Glas eine Butterschicht absetzt, kann diese mit einem Löffel eingerührt werden, sobald der Aufstrich etwas abgekühlt ist.

Tipp: Schokolade lässt sich am einfachsten so schmelzen: Schokolade in einen Topf geben und knapp mit Wasser bedecken. Das Wasser langsam erwärmen, dabei auf keinen Fall rühren, die Schokolade darf sich nicht mit dem Wasser vermischen. Kann man ohne Widerstand mit einem Messer durch die Schokolade fahren, das Wasser sorgfältig abgießen, sodass nur noch die geschmolzene Schokolade im Topf zurückbleibt. Sofort weiterverwenden.

Haltbarkeit: Der Aufstrich hält sich etwa 2 Wochen im Kühlschrank.

Apfelmus mit Lavendel

Als uns eine Nachbarin neulich einen großen Korb voller Boskop-Äpfel aus ihrem Garten geschenkt hat, habe ich meine Küche kurzerhand in eine Apfelmus-Fabrik verwandelt. Denn unsere Kinder lieben den Vitaminspender über alles, im Winter zu Omeletten, zu Hörnli (Hörnchennudeln) und Gehacktem, zu Älplermakkaroni oder einfach als Zwischenmahlzeit mit Joghurt. In diesem Rezept gibt der Lavendel dem Apfelmus eine zarte, blumige Note.

Ergibt etwa 2½ Liter

2 kg Boskop-Äpfel oder eine andere säuerliche Apfelsorte
1 Lavendelzweig
6 EL Zucker

Die Äpfel schälen, das Gehäuse entfernen und die Äpfel in Stücke schneiden. Die Lavendelblüten vom Zweig zupfen und zusammen mit den Äpfeln und dem Zucker in einen großen Topf geben. Mit 600 ml Wasser auffüllen und etwa 20 Minuten weich kochen.

Falls noch notwendig, die Äpfel pürieren. Einen Teil des Apfelmuses frisch essen, den Rest auskühlen lassen und portionsweise in Tiefkühlbeuteln einfrieren.

Das schmeckt auch: Apfelmus mit Vanillezucker, eine klassische Kombination, die immer Anklang findet. Für eine würzige Version das Apfelmus mit Zimt und Kardamom abschmecken. Interessant ist auch das Duo Apfel und Quitte: Auf 1,4 kg Äpfel kommen in diesem Fall 600 g Quitten (geschält und ohne Kerngehäuse).
Tipp: Falls eine süßere Apfelsorte verwendet wird, das Apfelmus mit etwas Zitronensaft abschmecken.
Das können Kinder tun: Sich mit Apfelschälen ein Taschengeld verdienen.
Haltbarkeit: Apfelmus ist tiefgekühlt mindestens 6 Monate haltbar. Man kann es natürlich auch heiß einfüllen, dann braucht es aber etwas mehr Zucker: 200 g Zucker für 2 Kilo Äpfel.

Knäckebrot

Keine Angst, dieses Knäckebrot hat nichts mit den kartonartigen Scheiben zu tun, die man im Laden kaufen kann: Es ist aromatisch, knusprig und außerdem ziemlich gesund. Die Nachbarskinder mögen es am liebsten mit Butter und nennen es »Knusperbrot«.

Ergibt 2 große Backbleche

250 g feine Haferflocken
150 g Roggenvollkornmehl
110 g helles Dinkelmehl
180 g Sonnenblumenkerne
50 g Leinsamen
70 g Sesam
50 g gemahlene Mandeln
2 TL Salz
6 EL Olivenöl

Den Backofen auf 200 Grad Umluft vorheizen. Für den Teig zuerst alle trockenen Zutaten gut vermischen. Danach das Olivenöl und 400 ml Wasser unterrühren und so lange weiterrühren, bis eine homogene Masse entstanden ist.

2 große, viereckige Bleche mit Backpapier auslegen, je die Hälfte der Masse daraufgeben und mit einem Nudelholz gleichmäßig flach walzen. Das geht am besten, wenn man auf den klebrigen Teig Frischhaltefolie legt. Der Teig muss überall gleich dick sein; wenn er außen dünner ausgewalzt ist, verbrennen die Ränder. Die ausgewalzte Masse mit einem Messer oder Teigrädchen einritzen, damit das Knäckebrot nach dem Backen leichter in Stücke gebrochen werden kann.

Die beiden Brotplatten (natürlich ohne die Frischhaltefolie) im vorgeheizten Ofen etwa 12 Minuten backen, danach die Bleche wechseln (das obere nach unten und umgekehrt), den Ofen auf 150 Grad herunterschalten und noch rund 20 Minuten backen, bis das Knäckebrot eine gleichmäßig goldbraune Farbe angenommen hat. Gegen Ende der Backzeit aufpassen, dass die Ecken des Gebäcks nicht verbrennen.

Das schmeckt auch: Anstatt Sonnenblumenkernen eine Kerne-Mischung verwenden.
Das können Kinder tun: Abwiegen, mischen, glatt streichen, brechen.
Haltbarkeit: Das Knäckebrot bleibt bis zu 2 Wochen frisch, wenn man es nach dem vollständigen Auskühlen in einer Blechdose aufbewahrt. Im Tiefkühlschrank verlängert sich die Lebensdauer noch einmal um ein paar Wochen. Bei Zimmertemperatur oder im Toaster auftauen.

Suppen

Brühe mit Huhn und Tomate

Huhn und Limette sind immer ein gutes Paar, aber in dieser mexikanisch inspirierten Suppe laufen sie zur Hochform auf.

Für 8 Portionen, die Hälfte kann eingefroren werden

8 aromatische Tomaten
1 Zwiebel
neutrales Öl, etwa Raps- oder Sonnenblumenöl
2 Knoblauchzehen
¼–⅓ Chilischote
2 l Hühnerbrühe
3 Hühnerbrüste (700–800 g)
½–1 Limette, Saft
Salz, Pfeffer aus der Mühle
Zimt
1 Avocado
frischer Koriander oder frische Petersilie

Die Tomaten kreuzweise einschneiden und kurz in kochendes Wasser geben, dann etwas auskühlen lassen und die Haut abziehen. Die Tomaten klein schneiden. Die Zwiebel fein schneiden und in einem großen Topf in neutralem Öl hellgelb anschwitzen. Den Knoblauch hacken, die Chilischote fein schneiden. Den Knoblauch ebenfalls in den Topf geben, dann die klein geschnittenen Tomaten sowie die fein geschnittene Chilischote beifügen. Mit der Hühnerbrühe bedecken, die Hühnerbrüste im Ganzen hineingeben und 15–20 Minuten köcheln lassen, bis sie im Inneren nicht mehr rosa sind und der Saft klar herausläuft.

Das Fleisch herausnehmen, in feine, mundgerechte Streifen schneiden und diese wieder in die Suppe geben. Mit Limettensaft, Salz und Pfeffer sowie wenig Zimt abschmecken. Das Hühnerfleisch in der Suppe noch einmal erhitzen.

Die Avocado vom Kern befreien und in feine Scheiben schneiden, die Kräuter fein hacken. Die Suppe in die Teller verteilen und die Avocadoscheiben sowie die Kräuter darauf verteilen oder dazu servieren.

Das schmeckt auch: In Mexiko serviert man die »Sopa de Lima« mit frittierten Tortillastreifen.
Haltbarkeit: Die Suppe lässt sich 2 Monate tiefkühlen.

Bündner Gerstensuppe

Tine Giaccobo und Katharina Sinniger: Limmat-Lädeli und Restaurant Alpenrose, Zürich

Die Köchin des Restaurants Alpenrose Tine Giaccobo hat sich dem Thema »Kinder und Suppe« mit einer kleinen Straßenumfrage genähert: Zehn Kinder hat sie nach ihrer Lieblingssuppe gefragt. Hier das Ergebnis: Nur zwei Kinder mögen überhaupt keine Suppen. Am beliebtesten ist die Karottensuppe (»weil sie süß ist«), dicht gefolgt von der Brühe mit Buchstaben oder Backerbsen (»aber die lieber nicht in der Suppe, weil sie dann Matsch werden«). Tomatensuppe ist weitgehend unbekannt, nur ein Kind mag sie (»mit Spaghetti drin«). Bündner Gerstensuppe wird von denjenigen Kindern, die sie schon einmal gekostet haben, lobend erwähnt. Ein Kind wünscht sie sich jeweils sogar am Geburtstag zum Essen. Mit einem Wienerli (Wiener Würstchen) drin. Letzteres scheint in Sachen Suppe eine herausragende Rolle zu spielen: Ausnahmslos alle Kinder wünschen sich ein Wienerli zur Suppe, ganz egal was in der Suppe drin ist.

Tine Giaccobos Eltern betreiben ein Restaurant in der Nähe von Würzburg. Zur Vorspeise gab es jeden Tag eine leichte Suppe, nie jedoch Salat. »Es macht Sinn, eine Mahlzeit mit einem warmen, bekömmlichen Gang zu beginnen«, ist die Köchin überzeugt. »Das schafft einen Übergang vom hektischen Alltag zum genussvollen Essen.« Seit gut zehn Jahren betreibt sie zusammen mit Katharina Sinniger das Limmat-Lädeli, in dem jeden Tag fünf verschiedene Suppen angeboten werden. Im Unterschied zur Hühnerbrühe ihrer Kindheit sind diese so nahrhaft, dass sie zusammen mit einem Apfel und einem Stück Brot eine ganze Mahlzeit ergeben.

Da die Karottensuppe in diesem Buch schon zweimal vertreten ist, hat Tine Giaccobo für uns ein Rezept für eine Bündner Gerstensuppe aufgeschrieben. Denn diese ist seit Jahren ein Renner im Limmat-Lädeli. »Wir würden sie auch im Hochsommer verkaufen«, meint Tine Giaccobo. In diesem Rezept wird das Fleisch am Stück gekocht und erst nachher in Stücke geschnitten. »So bleibt es saftiger.«

Für 8 Portionen, die Hälfte kann eingefroren werden

90 g grobe Gerste
150 g Bündnerfleisch
300 g Rippli (Kassler), vorzugsweise vom Hals, am Stück
200 g Rindfleisch, vorzugsweise von der Schulter, am Stück
1 Lauchstange
1 kleines Stück Sellerie
2 kleinere Kartoffeln
2 mittlere Karotten
Salz
125 ml Rahm (Sahne)
¼ Bund Petersilie
¼ Bund Schnittlauch
pro Kind 1 Wienerli (Wiener Würstchen)

Die Gerste über Nacht einweichen lassen. Am nächsten Tag das Einweichwasser wegschütten und 3½ l frisches Wasser aufkochen. Das Bündnerfleisch in sehr feine Würfel schneiden. Die eingeweichte Gerste, das gewürfelte Bündnerfleisch sowie das Rippli und das Rindfleisch (beides am Stück) hineingeben und 1½ Stunden am Siedepunkt offen köcheln lassen. Dabei gelegentlich den aufsteigenden Schaum abschöpfen.

Währenddessen alles Gemüse in feine Würfel schneiden. Nach 1½ Stunden das Rippli und das Rindfleisch aus der Brühe nehmen. Die Gerstensuppe mit Salz abschmecken, das klein gewürfelte Gemüse hineingeben und köcheln lassen, bis es weich ist.

Das Fleisch stehen lassen, bis es handwarm ist, und dann in Streifen oder Würfel schneiden und gemeinsam mit dem Rahm wieder in die Suppe geben.

Nun die Hälfte der Suppe rasch zum Tiefkühlen runterkühlen, damit die Gerste nicht weiter quellen kann. Bei tiefen Temperaturen geht das am einfachsten auf dem Fensterbrett, ansonsten im kalten Wasserbad. Den Rest der Suppe abschmecken. Die Petersilie fein hacken, den Schnittlauch fein schneiden. Die Suppe mit den Kräutern und mit je 1 Wienerli pro Kind servieren.

Das schmeckt auch: Zusätzlich separat angebratene Speckwürfel über die Suppe streuen. Man kann auch anderes Gemüse in die Suppe geben, zum Beispiel Wirz (Wirsing).

Haltbarkeit: Die Bündner Gerstensuppe lässt sich problemlos 2 Monate tiefkühlen. Die Suppe nach dem Aufwärmen noch einmal abschmecken und erst dann Petersilie und Schnittlauch darübergeben.

Gute-Besserungs-Hühnersuppe

Dass Hühnersuppe gegen Infekte wirkt, weiß man schon seit Jahrhunderten. Neue Forschungen haben nun bestätigt: Die Inhaltsstoffe der Hühnerbrühe hemmen die Aktivität der weißen Blutkörperchen, die an Erkältungsprozessen beteiligt sind.

Für 8 Portionen, die Hälfte kann eingefroren werden

1 Freiland-Suppenhuhn	1 große Zwiebel
4 Karotten	2 Lorbeerblätter
4 Stangen Staudensellerie	2 Gewürznelken
4 Petersilienwurzeln, ersatzweise Petersilienstängel	Pfeffer aus der Mühle
	125 g asiatische Reisnudeln
1 EL Salz	frische Kräuter, zum Servieren

Das Suppenhuhn mit kaltem Wasser abspülen und den Bürzel (jenes Körperteil, wo die Schwanzfedern dran saßen) wegschneiden. Das Huhn in einen großen Topf geben und vollständig mit kaltem Wasser bedecken.

Die eine Hälfte des Gemüses grob schneiden (die andere brauchen wir später als Einlage) und mit dem Salz in den Topf geben. Die Zwiebel schälen, mit den Lorbeerblättern und Nelken spicken und ebenfalls in den Topf geben. Alles aufkochen. Falls sich Schaum bildet, diesen mit einer Schöpfkelle abschöpfen. Das Suppenhuhn 2–3 Stunden sanft köcheln lassen. Wenn sich das Fleisch leicht vom Knochen lösen lässt, ist es gar. Das Huhn aus der Brühe nehmen und das Brust- sowie das Schenkelfleisch ablösen, in mundgerechte Stücke zerteilen und beiseitestellen.

Die Brühe durch ein Sieb filtern. Für eine noch klarere Suppe legen Sie zusätzlich ein sauberes Küchentuch in das Sieb. Das ausgekochte Gemüse wegwerfen. Nun die Brühe mit Salz und Pfeffer abschmecken und wieder aufkochen.

Das restliche Gemüse sehr fein schneiden und etwa 5 Minuten in der Brühe köcheln lassen. Die Reisnudeln gemäß Packungsanleitung in der Suppe gar ziehen lassen. Das Hühnerfleisch auf Suppenteller verteilen und mit der Brühe bedecken. Mit frischen Kräutern servieren.

Das schmeckt auch: Andere Gemüsesorten, etwa Lauch, Wirz und Karotten, verwenden. Die Suppe kann mit wenig Sojasauce, Koriander und frisch geriebenem Ingwer asiatisch gewürzt oder mit wenig Sherry abgeschmeckt werden. Man kann das Hühnerfleisch auch für einen Salat oder ein Sandwich verwenden und die Suppe nur mit Gemüse und Nudeln servieren. Oder auf alle Einlagen verzichten und den Krafttrunk in einer Tasse vor dem Essen servieren – so mögen es unsere Kinder am liebsten.

Haltbarkeit: Die übrig gebliebene Hühnersuppe möglichst rasch abkühlen. Im Kühlschrank ist sie 3 Tage haltbar. Jeweils nur so viel aufwärmen, wie gegessen wird. Eingefroren hält sie sich ohne Fleisch bis zu 1 Jahr, mit Fleisch bis zu 3 Monate.

Kürbissuppe mit Linsen

Diese Suppe sollte man den ganzen Winter über auf Vorrat haben. Sie ist inspiriert von einem herrlichen Gebräu, das Nigel Slater in seinem Kochbuch »Tender« beschrieben hat.

Für 8 Portionen, die Hälfte kann eingefroren werden

3 Stängel Zitronengras
2–3 Knoblauchzehen
2 Zwiebeln
1 daumengroßes Stück Ingwer
½ TL grüne Currypaste
1 TL Erdnussöl
700 g Kürbis, geschält, entspricht etwa 1,3 kg ungeschältem Kürbis
240 g Puy-Linsen
ca. 1,6 l Gemüsebrühe
500 ml Kokosmilch
2 unbehandelte Limetten
Salz
frischer Koriander

Vom Zitronengras die äußeren, harten Blätter entfernen und das Zitronengras anschließend klein schneiden. Den Knoblauch, die Zwiebeln und den Ingwer schälen und ebenfalls klein schneiden. Diese Zutaten mit dem grünen Curry in der Küchenmaschine zerkleinern, bis eine Paste entsteht. In einem Topf das Erdnussöl erhitzen und die Paste anbraten, bis die Gewürze ihr Aroma entfaltet haben.

Den Kürbis in mundgerechte Stücke schneiden, zugeben und kurz mitbraten. Die Puy-Linsen abspülen, ebenfalls zugeben und umrühren. Den Kürbis und die Linsen mit Gemüsebrühe bedecken und alles etwa 25 Minuten sanft köcheln lassen. Gegen Ende der Kochzeit die Kokosmilch zugeben und die Suppe mit dem Saft von 1 Limette und Salz abschmecken.

Bevor die Linsen verkocht sind, die Suppe mit dem Pürierstab gerade so lange bearbeiten, bis etwa die Hälfte der Suppe püriert ist. Falls die Suppe jetzt noch zu dickflüssig ist, mit wenig Gemüsebrühe verlängern, bis die Konsistenz stimmt.

Die Suppe mit der verbleibenden, in Spalten geschnittenen Limette und frischem Koriander servieren. Dazu schmeckt am besten Basmatireis.

Das schmeckt auch: Andere Hülsenfrüchte verwenden, zum Beispiel Kichererbsen.
Das lieben Kinder: Kombiniert man das erdige Aroma von Linsen mit der fruchtigen Kokosmilch und dem süßlichen Kürbis, schmecken die Hülsenfrüchte auch Kindern.
Haltbarkeit: Die Linsensuppe ist problemlos 2 Monate im Tiefkühlschrank haltbar. Langsam auftauen und vorsichtig erwärmen, damit sich die Konsistenz nicht verändert.

Wie gesund müssen Kinder essen?

Zucchinisalat mag ich nicht, geschmorte Linsen sind eklig! Da hilft nur eins: ein Belohnungsdessert für diejenigen, die den Teller leer essen. Aber sind solche Tricks tatsächlich sinnvoll? Die Kinderärztin Marguerite Dunitz-Scheer ist Expertin für kindliche Ernährung und überzeugt: Nein, Eltern mischen sich viel zu oft in die Ernährung ihrer Kinder ein.

Marguerite Dunitz-Scheer, als Mutter habe ich ständig das Gefühl, meine Kinder sollten mehr Gemüse, dafür weniger Zucker und Mayonnaise essen. Ist das normal?
Marguerite Dunitz-Scheer: In Familien, in denen Wert auf eine gesunde Ernährung gelegt wird, ist das heute leider normal. Neulich kam eine Mutter mit ihrem zwölfjährigen Jungen zu mir in die Sprechstunde. Sie war völlig verzweifelt, weil ihr Sohn, wie sie sagte, kaum etwas esse. Nach einer gründlichen Untersuchung stellten wir fest: Der Sohn ist vollkommen gesund.
Geht es um Angst?
Ja, es stellte sich heraus, dass der Junge über Mittag beim Großvater isst und die Mutter jeden Tag vom Büro aus anruft, um zu fragen, ob und was ihr Sohn gegessen hat – das ist natürlich ein vollkommen unangemessenes Kontrollverhalten. Früher hat die Großmutter das Essverhalten des Jungen kontrolliert. Erst nach ihrem Tod hat die Mutter diese Aufgabe übernommen. Mir wurde schnell klar, dass es hier um etwas ganz anderes geht: um die Angst der Mutter, dieser Aufgabe nicht gewachsen zu sein. Es wird viel über das Essen ausgetragen, was gar nichts mit dem Essen zu tun hat.

Das heißt, wir machen uns zu viele Gedanken ums Essen?
Seit in den Siebzigerjahren die sogenannte Medizinalisierung der Ernährung begonnen hat, will man Kinder nicht nur satt kriegen, sondern auch gesund ernähren. Die Meinung darüber, wie das gelingt, wechselt alle paar Jahre: Zuerst wurde das Fett verteufelt, dann der Zucker. Mal ist zu viel Salz das Problem, dann zu wenig Folsäure. Die Lebensmittelindustrie, die in einem heillos übersättigten Markt Gewinn machen muss, macht sich das zu Nutzen und produziert pseudoinnovative »gesunde« Lebensmittel, zum Beispiel Margarine, die das Herz schützen soll, oder mit Vitaminen angereicherte Müsli. Eltern sind heute nicht mehr in der Lage, in Bezug auf die Ernährung eine bewusste Entscheidung zu treffen. Sie sind Opfer einer Ideologiewelle geworden.
Was sollen sie Ihrer Meinung nach tun?
Sie sollten sich weniger in die Ernährung ihrer Kinder einmischen. Denn Essen ist, ähnlich wie das Urinieren, ein natürlicher Vorgang und sollte auch als solcher betrachtet werden. Man muss Kinder weder dafür loben, dass sie »gut« essen, noch sie dazu anhalten, dieses oder jenes zu essen. Das ist unnötig, übergriffig und belastet die Beziehung. Kinder wissen selbst, was für sie gut ist.

Ich befürchte, meine Kinder würden sich nur von Schokolade ernähren, wenn ich ihnen die Wahl ließe.
Studien haben gezeigt, dass Kinder nur am Anfang mehr ungesunde Sachen essen. Das reguliert sich in kürzester Zeit von selbst.

Ab welchem Alter funktioniert das?
Diese Autoregulation hat nichts mit dem Verstand zu tun und funktioniert deswegen schon früh. In den meisten Kulturen ernähren sich Kinder vom Familientisch, sobald sie frei sitzend am Essen teilnehmen können. Also mit etwa sieben Monaten. Ab diesem Alter sind sie in der Lage, aus einer normalen Mahlzeit jene Nahrungsmittel und Speisen zu wählen, die ihnen guttun. Auch wenn ich mich mit dieser Aussage unbeliebt mache: Die Babybreie, die wir unseren Kindern verfüttern, sind eigentlich überflüssig.

Nimmt ein Baby, das sich schon so früh vom Tisch ernährt, nicht zu viele verschiedene Nahrungsmittel zu sich?
Grundsätzlich ist es gut, wenn ein Kind früh viele verschiedene Nahrungsmittel kennenlernt. In Frankreich werden Babys abwechslungsreich gefüttert, deshalb mögen sie am Ende des ersten Lebensjahres bereits rund vierzig verschiedene Geschmäcke. In Deutschland mögen Babys dagegen nur etwa zehn. Deswegen kann man mit einer französischen Siebenjährigen im Feinschmeckerlokal essen und mit einer deutschen nicht.

Sind Sie gekränkt, weil die Kinder nicht essen, was Sie gekocht haben?

Sind Kinder nicht überfordert, wenn sie ihr Essen selbst auswählen müssen?
Ein Kind kann aus drei, vier Speisen, die auf dem Tisch stehen, problemlos diejenigen auswählen, die ihm schmecken und ihm gut tun. Nicht einmal ein Buffet ist eine Überforderung. Sogenannte »schlechte Esser« ernähren sich auf Kreuzfahrten oder im All-inclusive-Hotel meistens sehr unkompliziert. Sie beginnen mit dem Dessert und hören mit der Wurst auf. Den Eltern ist es egal, weil sie in den Ferien sind. Viele Essstörungen verschwinden in den Ferien beinahe, das ist interessant.

Ich kenne keine Familie, die den Kindern so viel Autonomie beim Essen zugesteht – und Sie?
Wir haben sechs Kinder, die heute zwischen sechzehn und zweiunddreißig Jahre alt sind, und wir haben ihnen diese Autonomie immer zugestanden. Ich habe nie gesagt: Du darfst erst eine zweite Portion Fleisch essen, wenn du auch Salat genommen hast. Kinder machen immer irgendwelche Phasen durch. Diese dauern nur länger, wenn man sie verhindern will. Einer meiner Söhne hat in der Pubertät eine Essigdiät gemacht: Er hat Essig getrunken und alles, was er gegessen hat, in Essig getunkt. Das war extrem, aber wir taten so, als wäre es ganz normal. Und plötzlich war es vorbei. Das Beste, was ich für ihn tun konnte, war, ihm ein gutes Vorbild zu sein. Wenn die Eltern mit frischen Zutaten kochen und das Essen genießen, lernen die Kinder mehr über gesunde Ernährung, als wenn man ständig darüber diskutiert, wie viel Salat gegessen werden muss.

Die Verantwortung der Eltern besteht also nur darin, ein gutes Vorbild zu sein?
Nein, sie tragen auch die Verantwortung für den Einkauf. Das ist ein sehr wichtiger Punkt. Eltern sollten Lebensmittel, die sie für ungesund halten, gar nicht erst einkaufen. Bei uns gab es zwar Dessert, aber keine Süßigkeitenschublade. Ich wollte nicht ständig über Bonbons diskutieren. In diesem Punkt war ich streng.

So erspart man sich bestimmt viel Ärger. Ich sehe da nur ein Problem: Ich selbst möchte auch nicht auf Süßes verzichten und sehe auch nicht ein, warum ich das tun sollte. Ich kann ja damit umgehen.
Wenn Sie und Ihr Mann das können, dann sind Sie Ihren Kindern ja ein gutes Vorbild. Ich bin das leider nicht: Wenn ich eine Tafel Schokolade sehe, dann esse ich sie. Jede Familie muss selbst herausfinden, was für sie stimmt. Und natürlich hängt es auch von

den Kindern ab: Neigen sie zu Übergewicht, muss man in ihrem Interesse handeln und Süsses zumindest verstecken.

Wir sagen unseren Kindern manchmal, es gibt nur Dessert, wenn der Teller leer gegessen ist – total falsch?
Diese Aufforderung teilt das Essen in den Augen der Kinder unweigerlich in gutes und schlechtes Essen ein. Der selbst gekochte Risotto wird abgewertet, man muss ihn essen, um an die Schokolade ranzukommen. Ich finde es nicht gut, wenn Essen als Belohnung oder Bestechung eingesetzt wird. Essen ist kein Machtmittel. Und auch nichts, was man tut, um die Mama zu erfreuen. Wenn Ihr Mann keinen Hunger hat, dann sagen Sie ja auch nicht zu ihm: Iss doch noch drei Löffel für mich. Das Gebot, den Teller leer zu essen, ist ein Relikt aus der Kriegs- und Nachkriegszeit, es hat heute keine Bedeutung mehr.

Aber das Problem ist doch, dass Kinder, die bei Tisch nicht genug essen, eine halbe Stunde später nach Mandarinen und Crackern verlangen.
Und Sie finden, Mandarine und Cracker seien minderwertig?

Nein. Aber es ärgert mich, weil ich gerade gekocht habe.
Sind Sie gekränkt, weil die Kinder nicht essen, was Sie gekocht haben?

Gekränkt? Ich weiss nicht. Ich möchte meinen Kindern eine gewisse Wertschätzung fürs Essen vermitteln und frage mich, wie das funktionieren soll, wenn sie am Tisch kaum essen und sich dafür den ganzen Tag über verpflegen.
Dann sollten Sie ihnen zwischendurch nichts geben, so werden sie bei Tisch hungrig sein. Ich persönlich war immer der Meinung, auch Kinder sollten sich gewisse Esswaren einfach holen können, wenn sie sehr hungrig sind und sich deswegen beispielsweise nicht mehr richtig konzentrieren können. Bei uns zuhause waren Früchte und Vollkorncracker stets für alle frei zugänglich aufbewahrt.

Was halten Sie von der Gesundheitskampagne »5× am Tag Gemüse oder Früchte«, die in der Schweiz gross gefahren wird? Gemäss dieser Empfehlung soll ein Kind an einem Tag zum Beispiel einen kleinen Apfel, eine kleine Birne, eine Karotte, ein Viertel Eisbergsalat und eine gekochte Paprika essen. Müssen Kinder wirklich so viel Obst und Gemüse essen?
(lacht) Das sind schöne Empfehlungen einer Gesellschaft, die sich gerade bewusst geworden ist, dass Übergewicht ein Problem ist. Aber sie sind nicht realistisch.

Aber Kinder brauchen doch ausreichend Vitamine, Mineralstoffe und Spurenelemente für eine gesunde Entwicklung.
Solange sich das Kind normal entwickelt und seine Haut, seine Haare und seine Fingernägel schön und gesund aussehen – dort würde sich ein Vitaminmangel nämlich zuerst zeigen –, braucht man sich nicht zu sorgen. Schauen Sie, wir behandeln in unserer Klinik die allerschlimmsten Fälle, halb verhungerte Kinder. Dennoch rate ich allen Eltern davon ab, Druck auszuüben. Niemand soll etwas essen müssen, das ihn ekelt. Das Essen darf nie zum Kampf werden.

Gibt es heute mehr wählerische Esser als früher?
Ja, die sogenannten »Picky Eaters« nehmen dramatisch zu. Der klassische »Picky Eater« ist männlich und wächst bei seiner alleinerziehenden Mutter auf. Nicht selten lassen sich diese Mütter von ihren Söhnen manipulieren. Bei manchen Kindern stehen also Machtspiele mit den Eltern im Vordergrund. Andere reagieren so auf die riesige Auswahl von Marken- und Fertigprodukten. Sie wollen nur noch diejenigen Lebensmittel und Produkte essen, die sie ganz bestimmt mögen.

> Wenn Ihr Mann keinen Hunger hat, dann sagen Sie ja auch nicht zu ihm: Iss doch noch drei Löffel für mich.

Manche Mütter mischen ihren heiklen Essern heimlich Gemüsepüree in die Pastasauce. Ist das sinnvoll?
Wenn diese Mütter damit ihr Bedürfnis nach Beschäftigung und Ideologie stillen können, dann ist das bestimmt eine nette Idee. Notwendig ist es nicht. Ich habe viele ausgesprochen wählerische Esser behandelt, zum Beispiel Kinder, die sich vorwiegend von weißen Sachen, also von Weißbrot, Nudeln und Reis ohne Sauce ernähren, und gesehen, dass sogar das ausreichend sein kann. Problematisch wird es dann, wenn die Eiweißversorgung nicht mehr sichergestellt ist, so wie es bei Veganern und manchmal auch bei Vegetariern der Fall sein kann. Eiweiß ist absolut unerlässlich für das Wachstum.

> In vielen Familien gibt es zudem keine Esskultur mehr, das halte ich für das größte Übel.

Trotzdem: Sich nur von weißen Sachen zu ernähren, das scheint mir doch sehr einseitig zu sein. Würden Sie einer übergewichtigen Familie, die sich von Toastbrot und Pizza ernährt, dasselbe erzählen?
Die Frage ist immer, an wen man sich wendet. Ich rede so, weil ich mir ziemlich sicher bin, dass Menschen, die ein Familienkochbuch kaufen, sich eben gerade nicht von TV-Dinners ernähren, sondern ziemlich bewusst essen. Und in diesem Milieu ist nicht das Übergewicht die größte Gefahr, sondern die Überideologisierung, die Orthorexie. Junge Mädchen haben die Ideologien rund um die gesunde Ernährung so sehr verinnerlicht, dass sie im Supermarkt eine halbe Stunde vor dem Regal stehen und das Kleingedruckte auf den Müsliriegeln studieren und dann zum Schluss kommen, nichts sei gesund genug – also essen sie gar nichts. Gerade heute habe ich ein Mädchen in die Klinik aufgenommen, das ständig Stimmen im Kopf hört, die ihm einflüstern: »Du darfst dieses nicht essen, du darfst jenes nicht essen, das ist alles viel zu ungesund.«

So gesehen können auch Kampagnen für gesundes Essen gefährlich sein.
Ja, es gibt in jeder Mittel- und Oberstufenklasse ein, zwei Mädchen, die eine Ernährungskampagne zum Hungern verführen kann. Für die Übergewichtigen sind solche Kampagnen ein Segen, für diejenigen, die ein Risiko zur Anorexie haben, eine große Gefahr.

Was sollen Eltern tun, wenn ein Teenager nur noch abnimmt?
Heute machen fast alle jugendlichen Mädchen irgendwann einmal eine Diät, das ist normal. Deshalb muss man zuerst herausfinden, ob es sich nur um eine Phase handelt oder ob sich ein ernsthaftes Problem abzeichnet. Erreicht das Kind einen BMI unter 18, müssen die Eltern ihm klarmachen, dass sie eine Verantwortung tragen und nicht tatenlos zuschauen werden, wie es verhungert.

Der Vollständigkeit halber: Wann sind Eltern von übergewichtigen Kindern zum Handeln aufgefordert?
Ein dickes Baby ist noch kein Problem, aber ein Dreijähriger muss sich gut bewegen können, sonst wird er beim Spielen ausgeschlossen. Kinder suchen sich agile Spielpartner. Für die übergewichtigen Kinder ist das dramatisch, weil sie sich dadurch noch weniger bewegen und noch dicker werden.

Ist Übergewicht ein Schichtproblem?
Ja, arme Menschen ernähren sich zunehmend schlechter. Sie können sich kein Bio-Gemüse vom Wochenmarkt leisten. In vielen Familien gibt es zudem keine Esskultur mehr, das halte ich für das größte Übel. Viele Erstklässler wissen nicht mehr, dass man Gemüse waschen und schneiden muss, um eine Gemüsesuppe zu kochen. Kochen heißt für sie, einen Beutel aufreißen und den Inhalt aufwärmen.

Wie war das in Ihrer Familie, haben alle Ihre Kinder kochen gelernt?
Ja, einer meiner Söhne will sogar Koch werden. Ich hatte keinen Babysitter, also setzte ich die Kleinen in einem Hochstuhl und beschäftigte sie mit Küchenarbeiten, während ich kochte. Früchte und weiches Gemüse schneiden kann schon ein Zweijähriger. Heute

sind unsere Kinder erwachsen, aber am Freitagabend kochen und essen wir immer noch zusammen.

Auf welchen Tischmanieren haben Sie bestanden?
Unsere Kinder durften vom Tisch aufstehen, wenn sie fertig gegessen hatten, da war ich nicht so streng. Aber ich habe nie akzeptiert, dass jemand so unanständig gegessen hat, dass es mich geekelt hätte. Meine Haltung war stets: Das ist auch mein Abendessen, und ich will es genießen können.

Haben Ihre Kinder auch immer während des Essens gesungen?
(lacht) Ich glaube nicht, nein. Aber Singen ist ja nicht so schlimm, oder?

Wenn zwei Kinder am Tisch ständig singen, kann man sich nicht mehr unterhalten. So toll finde ich das nicht.
Vielleicht interessieren sie sich nicht für das, was gesprochen wird.

Na ja, es sind doch sowieso meistens die Kinder, die das Gespräch bestimmen. Ich habe eher den Verdacht, dass sie singen, damit sich die Erwachsenen auf keinen Fall unterhalten können.
Und das regt Sie auf?

Das kommt vor, ja.

MARGUERITE DUNITZ-SCHEER ist sechsfache Mutter sowie Professorin für Kinderheilkunde und Stellvertretende Leiterin der Psychosomatischen Kinder- und Jugendstation an der Universitätsklinik Graz. Die Expertin für Essstörungen und sondenernährte Kinder ist am Zürichsee aufgewachsen und lebt seit vielen Jahren in Graz.

Karotten-Quitten-Suppe

Die Quitte gilt als Symbol der Liebe, der Klugheit und des Glücks. Vielleicht ist das der Grund, weshalb ich intuitiv zugreife, wenn diese archaischen Früchte im Herbst auf dem Wochenmarkt angeboten werden.

Für 8 Portionen, die Hälfte kann tiefgekühlt werden

250 g Quitten
600 g Karotten
3 Schalotten
Butter
1 TL frisch geriebener Ingwer
Gemüsebrühe
250 ml Kokosmilch
Salz, Zucker

Die Quitten mit einem trockenen Tuch abreiben, um den Flaum auf der Haut zu entfernen. Die Früchte mit dem Sparschäler schälen. Mit einem großen Messer das Fruchtfleisch vom Kerngehäuse schneiden. Die Karotten in Stücke schneiden. Die Schalotten grob hacken.

Etwas Butter in einen großen Topf geben und die Schalotten darin andünsten. Die Karotten und das Quittenfleisch dazugeben. Den Ingwer schälen und in den Topf reiben, umrühren. So viel Gemüsebrühe zugeben, bis das Gemüse und die Quitten bedeckt sind, und alles weich kochen – das dauert etwa 30 Minuten.

Die Suppe pürieren, mit der Kokosmilch verfeinern und noch einmal vorsichtig erhitzen. Mit Salz und Zucker abschmecken, bis die Suppe ausgewogen süß-säuerlich schmeckt.

Das schmeckt auch: Die Karotten durch Sellerie ersetzen. In diesem Fall den Ingwer weglassen.
Haltbarkeit: Die Suppe ist 2 Monate im Tiefkühlschrank haltbar. Gerichte mit Kokosmilch im Kühlschrank auftauen und vorsichtig erhitzen, damit sie nicht ausflocken.

Gazpacho

Der spanische Suppenklassiker für heiße Tage wird aus ungekochtem Gemüse zubereitet. Was manchen Kindern besser schmeckt als eine gekochte Suppe.

Für 8 Portionen, die Hälfte kann eingefroren werden

2 Semmeln (Brötchen) oder 2 Scheiben helles Brot vom Vortag
500 g reife Tomaten
1 rote Paprikaschote
1 Salatgurke
2 Frühlingszwiebeln
2 Knoblauchzehen
¼ Chilischote
300 ml kalte Gemüsebrühe
2–3 EL Olivenöl
Sherryessig
Salz, Pfeffer aus der Mühle
Tomaten-, Gurken- oder Paprikawürfelchen, frische Kräuter oder geröstete Brotcroûtons zum Servieren, nach Belieben

Die Brötchen in Stücke reißen und in Wasser einweichen. Die Tomaten oben kreuzweise einschneiden und kurz in kochendes Wasser geben, herausnehmen, etwas abkühlen lassen und die Haut abziehen. Die Paprikaschote von den Kernen und Trennhäuten befreien.

Die Tomaten, die Paprika, die Frühlingszwiebeln, den Knoblauch und die Chilischote grob hacken und zusammen mit den eingeweichten Brötchen, der kalten Gemüsebrühe, dem Olivenöl und 2 Esslöffel Sherryessig pürieren. Mit Salz, Pfeffer und eventuell noch mehr Sherryessig abschmecken. Die Suppe zugedeckt im Kühlschrank kalt stellen.

Die Gazpacho gut gekühlt in Gläsern oder Tassen servieren und nach Belieben mit Tomaten-, Gurken- oder Paprikawürfelchen, Kräutern oder gerösteten Brotcroûtons servieren.

Das schmeckt auch: Ein Apfel, der mit dem Gemüse püriert wird, sorgt für noch mehr Frische.
Tipp: Wenn die Suppe schnell kühl werden soll, kann man die Gemüsebrühe mit weniger Wasser zubereiten und stattdessen Eiswürfel in die Suppe geben.
Das lieben Kinder: Die Suppe mit einem Trinkhalm schlürfen.
Haltbarkeit: Gazpacho lässt sich problemlos 2 Monate im Tiefkühlschrank aufbewahren.

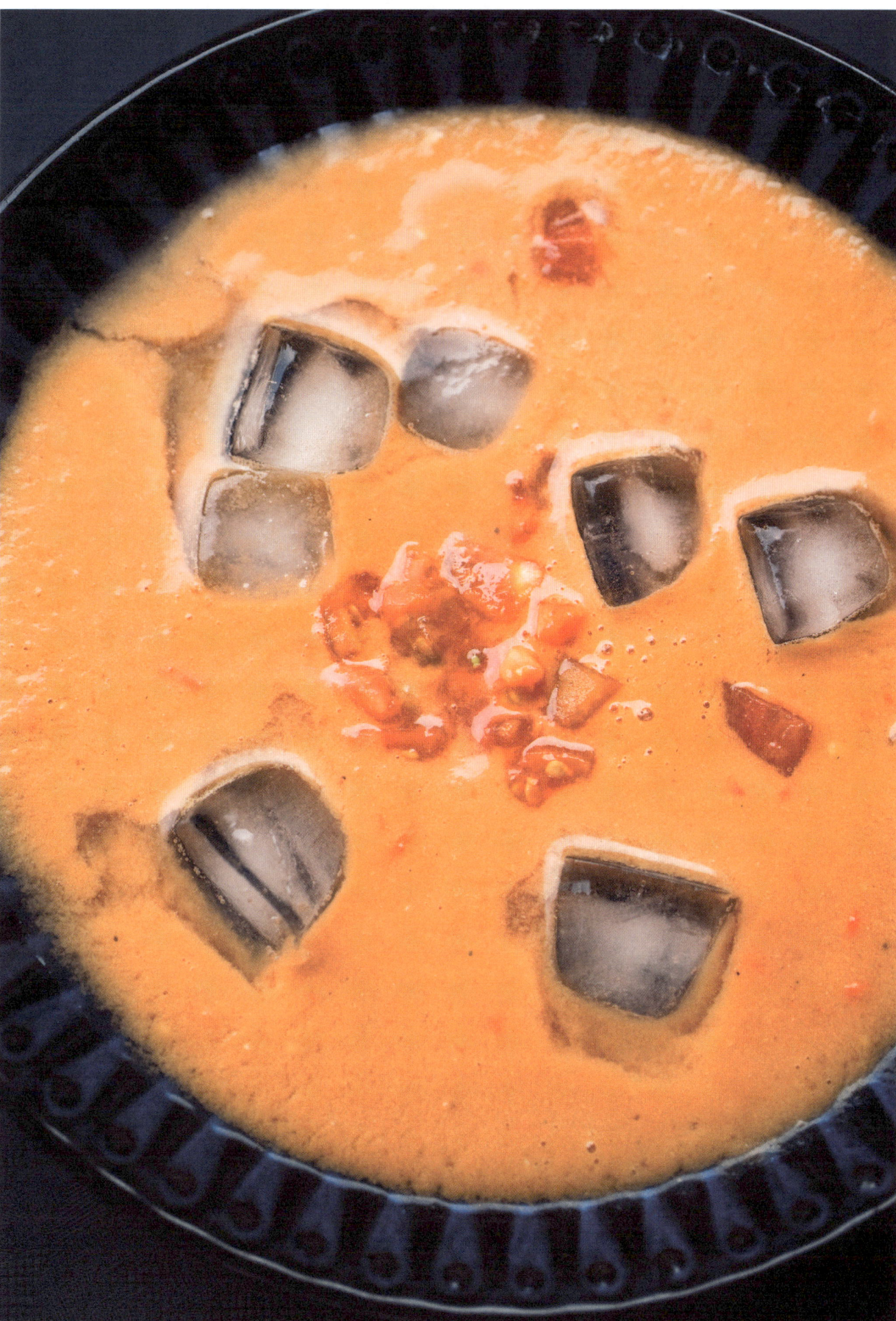

Kohlrabisuppe

Kohlrabi schmeckt leicht süßlich und mild und ist von allen Kohlarten am bekömmlichsten. Kein Wunder, dass ihn viele Kinder mögen. Dieses einfache Kohlrabisüppchen steht und fällt allerdings mit der Qualität der Knollen: Richtig frisch und aromatisch schmecken diese nur von Mai bis Oktober, wenn sie im Freilandanbau gezogen werden.

Für 8 Portionen, die Hälfte kann eingefroren werden

4 mittelgroße Kohlrabi
3 Frühlingszwiebeln
Butter
1 Schuss Weißwein
Gemüsebrühe
200 ml Halbrahm (Sahne)
etwas Zitronensaft
Salz
½ Bund Schnittlauch, in Röllchen, nach Belieben

Alle harten, weißen Stellen von den Kohlrabi wegschneiden und die Knollen grob würfeln, die Frühlingszwiebeln hacken. Die Frühlingszwiebeln in Butter anziehen lassen, den Kohlrabi zugeben, gut umrühren. Mit dem Weißwein ablöschen und warten, bis er vollständig verdampft ist. Das Gemüse mit Gemüsebrühe bedecken und weich kochen.

Die Suppe pürieren, den Halbrahm zugeben und noch einmal kurz aufkochen. Eventuell mit etwas Wasser verdünnen, bis die gewünschte Konsistenz erreicht ist. Mit einigen Spritzern Zitronensaft und Salz abschmecken. Nach Belieben Schnittlauchröllchen darüberstreuen oder separat zur Suppe reichen. Was übrig bleibt, wird in einen Beutel verpackt, flach gedrückt und tiefgekühlt.

Das schmeckt auch: Dieses Rezept für eine einfache Cremesuppe lässt sich fast endlos variieren. Anstatt Kohlrabi kann man zum Beispiel 300 g Lauch und 4 mittlere Zucchini verwenden. Oder 800 g Champignons. In diesem Fall 1 kleine Knoblauchzehe mit den Frühlingszwiebeln andünsten und die fertige Suppe mit fein gehackten, getrockneten Steinpilzen bestreuen.
Tipp: Wer im Tiefkühlschrank Platz sparen oder eine größere Gemüseernte verwerten will, kocht die Suppe mit möglichst wenig Wasser und gibt den Halbrahm erst nach dem Auftauen hinzu.
Haltbarkeit: Diese Suppe ist im Tiefkühlschrank 2 Monate haltbar. Mit Rahm verfeinerte Suppen langsam auftauen und vorsichtig erwärmen, damit sich die Konsistenz nicht verändert.

Karottensuppe mit Speck

Wenn Ihre Kinder Suppen mögen, dann haben Sie mehrere Probleme auf einmal gelöst. Suppen sind gesund und ergeben zusammen mit Brot ein schnelles Abendessen. Außerdem lassen sie sich gut auf Vorrat kochen. Hier eine würzige Karottensuppe für kalte Tage.

Für 8 Portionen, die Hälfte kann eingefroren werden

1 Zwiebel
1 Lorbeerblatt
neutrales Öl, etwa Raps- oder Sonnenblumenöl
800 g Karotten
1 Kartoffel
1 Stück geräucherter Speck, ca. 300 g
Gemüsebrühe
150 ml Halbrahm (Sahne)
einige Spritzer Zitronensaft
Salz

Die Zwiebel klein schneiden und gemeinsam mit dem Lorbeerblatt in wenig neutralem Öl in einem Topf anbraten. Die Karotten und die Kartoffel klein schneiden, in den Topf geben und kurz mitbraten.

Den Speck längs in 2 etwa 2 cm dicke Scheiben schneiden und diese auf das Gemüse legen. Alles mit Gemüsebrühe bedecken und weich kochen.

Das Lorbeerblatt entfernen. Den Speck aus dem Topf nehmen, in Streifen schneiden und beiseitestellen. Die Suppe pürieren, den Halbrahm dazugeben und kurz aufkochen. Falls die Suppe noch zu dickflüssig ist, mit wenig Gemüsebrühe verlängern, bis die richtige Konsistenz erreicht ist. Mit wenig Zitronensaft und Salz abschmecken.

Die Speckstreifen auf Teller verteilen und die Suppe darübergeben. Was von der Suppe übrig bleibt, kann tiefgekühlt werden.

Das schmeckt auch: Anstatt ein geräuchertes Speckstück in der Suppe zu kochen, einige Speckscheiben in der Bratpfanne knusprig braten und mit der Suppe servieren.
Haltbarkeit: Die Suppe lässt sich 2 Monate einfrieren. Mit Rahm verfeinerte Suppen langsam auftauen und vorsichtig erwärmen, damit sich die Konsistenz nicht verändert.

Selleriesuppe mit Birne und geräucherter Forelle

Wir haben unsere Selleriesuppe immer mit Apfel gekocht. Bis der Apfel durch die süß-aromatische Birne verdrängt worden ist. Interessant dazu: ein Toast mit geräuchertem Fisch.

Für 8 Portionen, die Hälfte kann eingefroren werden

1 Zwiebel
Butter
900 g Knollensellerie
1 große oder zwei kleinere Kartoffeln
1½ reife Birnen
1 Schuss Weißwein
Gemüsebrühe
250 ml Halbrahm (Sahne)
einige Spritzer Zitronensaft
Salz, Pfeffer aus der Mühle

Für den Fisch-Toast (4 Portionen)
8 Scheiben Toastbrot oder dunkles Brot
Butter
125 g geräuchertes Forellenfilet

Die Zwiebel hacken und in einem Topf in Butter andünsten. Den Knollensellerie, die Kartoffel und die Birnen schälen, das Kerngehäuse der Birnen entfernen. Gemüse und Birnen in Stücke schneiden. Alles in den Topf geben und kurz anbraten. Mit Weißwein ablöschen und den Wein verdampfen lassen. Das Ganze mit Gemüsebrühe bedecken und weich kochen.

Die Suppe pürieren, den Halbrahm dazugeben und die Suppe erneut kurz aufkochen. Falls sie noch zu dickflüssig ist, eventuell noch etwas Wasser einrühren, bis die Konsistenz stimmt. Einige Minuten köcheln lassen, mit Zitronensaft, Salz und Pfeffer abschmecken.

Für den Fisch-Toast das Brot toasten, mit etwas Butter bestreichen und den geräucherten Fisch darauflegen. Die Brote zusammen mit der Suppe servieren. Den Rest der Selleriesuppe auskühlen lassen, in einen Gefrierbeutel verpacken und einfrieren.

Das lieben Kinder: Anstelle von geräuchertem Forellenfilet kann man auch Frischkäse auf den Toast geben.
Haltbarkeit: Die Selleriesuppe lässt sich problemlos 2 Monate einfrieren. Mit Rahm verfeinerte Suppen langsam auftauen und vorsichtig erwärmen, damit sich die Konsistenz nicht verändert.

Selleriesuppe mit Birne

Salzige Kuchen, Pizza & Co.

Grundrezept Wähenteig

Gekaufter Kuchenteig ist praktisch: Er wird fix und fertig ausgerollt und auf einem passenden Backpapier geliefert. Kein Mehl, keine Sauerei. Stimmt, aber dieses Rezept hier hat auch seine Vorteile: Gibt nix zu tun. Schmeckt viel besser. Lässt sich prima einfrieren. Ich mache immer gleich die doppelte Menge, damit ich eine Portion auf Vorrat habe.

Für 2 runde Kuchenbleche von je 28 cm Durchmesser, 1 Portion kann tiefgekühlt werden

140 g kalte Butter
200 g Weißmehl (Type 405)
200 g helles Dinkelmehl
1 TL Salz
4 EL Quark

Die kalte Butter klein schneiden und zusammen mit den trockenen Zutaten zu einer feinkrümeligen Masse zerreiben. Dann rasch mit dem Quark und etwa 150 ml kaltem Wasser zu einem Teig zusammenfügen. Ist der Teig noch zu trocken, etwas mehr Wasser zugeben. Ist er zu nass, wenig Mehl einarbeiten. Nicht kneten.

Die eine Hälfte des Teigs 30 Minuten im Kühlschrank ruhen lassen und danach weiterverarbeiten, die andere gut einpacken und einfrieren.

Das schmeckt auch: Je nach Geschmack kann ein Teil der Butter durch Quark oder umgekehrt ein Teil des Quarks durch Butter ersetzt werden. Quark macht den Teig leichter, Butter macht ihn fein und mürbe. Anstatt helles kann auch dunkles Dinkelmehl verwendet werden.
Haltbarkeit: Wähenteig ist tiefgefroren 3 Monate haltbar.

Feigentarte mit Ziegenkäse

Da wir einen Feigenbaum im Garten haben, bin ich immer für ein gutes Feigenrezept zu haben. Dieses gefällt mir, weil der Ziegenkäse einen interessanten Gegensatz zu den süßen Feigen abgibt.

Für 1 rundes Kuchenblech von 28 cm Durchmesser

1 Portion Kuchenteig, frisch oder tiefgekühlt, siehe Seite 68
7 Feigen
100 g Ziegenkäse, z. B. Chavroux oder Ziegenrolle
50 g Ricotta
100 ml Halbrahm (Sahne)
1 Ei
einige Zweige frischer Thymian, Blättchen abgezupft

Den Backofen auf 210 Grad Ober- und Unterhitze vorheizen. Das Blech zuerst mit Backpapier und dann mit dem Kuchenteig belegen. Den Teig mit einer Gabel mehrmals einstechen.

Die Feigen von oben gerade so weit kreuzweise einschneiden, dass sich die Feigenviertel wie eine Blüte öffnen lassen, aber unten noch zusammenhalten. Die Feigen auf den Teig legen, den Ziegenkäse zerbröckeln und dazwischen verteilen. Die Tarte auf der untersten Schiene des vorgeheizten Ofens etwa 15 Minuten backen.

In der Zwischenzeit aus dem Ricotta, dem Halbrahm und dem Ei einen Guss bereiten. Die Thymianblättchen zu der Ricottamasse geben. Nach 15 Minuten Backzeit den Guss über der Wähe verteilen und diese fertig backen. Das dauert noch ungefähr 25–30 Minuten.

Das schmeckt auch: Da unsere Kinder weder Feigen noch Ziegenkäse mögen – oder besser gesagt: noch nicht mögen – ersetze ich für sie den Ziegenkäse durch geriebenen Gruyère und die Feigen durch Birnenspalten.
Tipp: Wähen oder Kuchen bleiben saftiger und verbrennen weniger schnell, wenn man sie (wie hier vorgeschlagen) mit Ober- und Unterhitze backt anstatt mit Umluft.
Das können Kinder tun: Den Teig ausrollen und die Tarte belegen.
Haltbarkeit: Kuchenteig ist tiefgefroren 3 Monate haltbar.

Pizza salsiccia e cipolle

Marcel Erzinger und Franziska Kempf: Restaurant Rosso und Bar Basso, Zürich

Kinder und Pizza, das gehört zusammen wie Muscheln und Weißwein. Was muss das also für eine traumhafte Kindheit sein, wenn die Eltern zwei Restaurants betreiben, in denen es die wahrscheinlich beste Pizza nördlich der Alpen gibt? Marcel Erzinger und Franziska Kempf, die hinter den beiden sympathischen Zürcher Szenerestaurants Rosso und Bar Basso stehen, lachen: »Unser Sohn Neri liebt Pizza tatsächlich«, sagt Marcel Erzinger. »Aber unsere Tochter Robin mag sie überhaupt nicht.« Einig seien sich der Neun- und die Fünfjährige nur, was Gemüse angeht: Das können sie nicht ausstehen. Doch das kann die Eltern nicht aus der Ruhe bringen. »Es führt zu nichts, wenn man sich deswegen stresst. Kinder entscheiden selbst, was sie essen.« Neri und Robin haben schon den Gemüsebrei verweigert, sie sind von der Muttermilch direkt auf Pasta umgestiegen. »Vielleicht haben wir deswegen nun etwas Mühe, ihnen die Klaviatur der Gemüsegeschmäcker näherzubringen«, sagt Franziska Kempf.

Nur in einem Punkt gibt sich die Mama unerbittlich: »Ich kämpfe darum, dass anständig gegessen wird. Stillsitzen beim Essen, nicht mit vollem Mund sprechen, solche Sachen sind mir wichtig. Es geht auch um eine gewisse Kultur.« Sie hat als Kind gelernt, dass man das Brot zuerst auf die Gabel steckt, bevor man damit die Sauce auftunkt. »Das hat mir meine Mutter beigebracht.« Neri macht das schon ziemlich gut. Reis kann er mit Stäbchen verspeisen. Und Pizza isst er wie ein richtiger Italiener: Er klappt den vorderen Teil des Pizzastücks ein und balanciert es dann bequem zum Mund. Mit der Hand natürlich.

Ganze 400 Grad wird der Holzofen in der Bar Basso heiß, eine Pizza muss darin nur gerade drei Minuten backen. Auch wenn ein normaler Backofen da nicht mithalten kann – mit diesem Rezept, das Marcel Erzinger bei sich zu Hause ausgetüftelt hat, stößt man auch in der heimischen Küche in eine neue Dimension vor. Als wir das Rezept getestet haben, waren wir uns sofort einig: die allerbeste Pizza, die unseren Ofen jemals verlassen hat.

Ergibt Teig und Sugo für 2 Pizzableche, die Hälfte kann jeweils tiefgekühlt werden

Für den Teig
400 g Weißmehl (Type 405)
100 g Vollkornmehl
2 TL Salz
4 EL Olivenöl
20 g frische Hefe
Mehl für die Arbeitsfläche

Für den Sugo
2 Knoblauchzehen
1 kleine Zwiebel
Olivenöl
1 Rosmarinzweig
1 Schuss Weißwein, nach Belieben
400 g Dosentomaten (Pelati)
Salz, Pfeffer aus der Mühle
½ TL Zucker

Für den Belag (für 1 Blech)
1 Salsiccia guter Qualität (italienische Schweinsbratwurst)
½ kleine rote Zwiebel
½ Mozzarellakugel (ca. 75 g)
wenig Parmesan, am Stück
wenig getrockneter Oregano
Salz und Pfeffer, beides aus der Mühle
Olivenöl

Für den Teig zuerst die beiden Mehlsorten mit dem Salz gut mischen, eine Mulde ins Mehl drücken und das Olivenöl hineingeben. Die Hefe in 300 ml Wasser auflösen und ebenfalls in die Mulde geben. Von der Mitte her einen Teig anrühren. Diesen kräftig kneten, bis er geschmeidig ist. Den Teig in eine große Schüssel legen, mit einem feuchten Tuch zudecken und etwa 2 Stunden an einem warmen Ort um das Doppelte aufgehen lassen.

Da der Sugo umso besser wird, je länger er kocht, setzt man ihn am besten auf, sobald der Teig ruht. Den Knoblauch und die Zwiebel fein schneiden und in Olivenöl anziehen lassen. Den Rosmarin dazugeben. Eventuell mit Weißwein ablöschen und diesen etwas verdampfen lassen. Die Tomaten beifügen und das Ganze leise köcheln lassen. Mit Salz, Pfeffer und dem Zucker abschmecken.

Nach dem Ende der Kochzeit alle Rosmarinnadeln aus dem Sugo fischen (sonst kommt das Aroma aus dem Gleichgewicht) und die Sauce pürieren oder mit einem Kartoffelstampfer bearbeiten.

Den Ofen auf 240 Grad Ober- und Unterhitze vorheizen. Die Hälfte des aufgegangenen Teigs sorgfältig verpacken und einfrieren. Die andere Hälfte auf einer leicht mit Mehl bestäubten Unterlage – oder noch besser direkt auf dem Backpapier – rechteckig und möglichst dünn ausrollen. Anschließend den ausgerollten Pizzateig mitsamt dem Backpapier auf das Blech heben. Die Abschlüsse zu einem Rand formen. Etwa 120 ml Sugo gleichmäßig auf dem Pizzaboden verteilen (der Rest kann für das nächste Pizzaessen tiefgekühlt werden).

Für den Belag die Salsiccia längs aufschneiden und die Wurstmasse mit den Händen auf die Pizza krümeln. Die Zwiebel in feine Scheiben schneiden, den Mozzarella fein zerpflücken und beides auf der Pizza verteilen. Den Parmesan darüberreiben. Mit wenig getrocknetem Oregano und etwas frisch gemahlenem Salz und Pfeffer würzen. Die Pizza mit etwas Olivenöl beträufeln und 12–15 Minuten auf der untersten Schiene des vorgeheizten Ofens backen.

Tipps: Die richtige Temperatur ist wichtig für das Gelingen der Pizza: Bei zu kleiner Hitze wird der Teig zu trocken, bei zu hoher Temperatur verbrennt der Mozzarella, und Umluft trocknet den Belag aus. Oft wird der Fehler gemacht, dass die Pizza zu üppig belegt wird; weniger bedeutet in diesem Fall mehr!
Das lieben Kinder: Eine Hälfte der Pizza ohne Zwiebeln belegen.
Haltbarkeit: Pizzateig ist tiefgekühlt 3 Monate, die Tomatensauce 4 Monate haltbar. Man kann beides (gut verschlossen) auch bis zu 4 Tage im Kühlschrank aufbewahren und den Ofen gleich noch einmal einheizen. Zur Abwechslung lässt sich aus dem Pizzateig auch eine Focaccia backen.

Spinatwähe mit gemischten Pilzen

Dieser herbstliche Kuchen mit Pilzen und Spinat ist in unserer Familie – fast ausnahmslos – sehr beliebt. Zusammen mit einem Salat ein köstliches Abendessen.

Für 1 rundes Kuchenblech von 28 cm Durchmesser

300 g gemischte Pilze
1 Schalotte
1 Knoblauchzehe
Butter
Salz, Pfeffer aus der Mühle
400 g frischer Spinat
1 Portion Kuchenteig, frisch oder tiefgekühlt, siehe Seite 68
50 g Ricotta
1 Ei
100 ml Halbrahm (Sahne)

Den Backofen auf 210 Grad Ober- und Unterhitze vorheizen. Die Pilze säubern und je nach Größe in Scheiben schneiden. Die Schalotte und den Knoblauch fein hacken. Die Hälfte der Schalottenwürfel in einer Bratpfanne in Butter anschwitzen, dann den Knoblauch und die Pilze dazugeben und einige Minuten mitbraten. Aus der Pfanne nehmen, salzen und pfeffern.

In derselben Pfanne die andere Hälfte der gehackten Schalotte in Butter anziehen lassen. Den Spinat ebenfalls in die Pfanne geben. Zusammenfallen lassen und mit Salz und Pfeffer würzen. Aus der Pfanne nehmen und gut ausdrücken.

Ein Kuchenblech mit Backpapier und dem Teig belegen, den Letzteren mit einer Gabel mehrmals einstechen. Den ausgedrückten Spinat und die Pilze auf den Teig geben und im vorgeheizten Ofen auf der untersten Schiene 15 Minuten backen. In der Zwischenzeit aus dem Ricotta, dem Ei und dem Halbrahm einen Guss bereiten und mit Salz und Pfeffer würzen. Nach 15 Minuten Backzeit den Guss über den Teig geben und die Wähe fertig backen. Das dauert noch 25–30 Minuten.

Das schmeckt auch: Zusätzlich Schinken oder angebratene Speckwürfel verwenden. Den frischen durch tiefgekühlten Spinat ersetzen. Diesen gibt man mit 2 Esslöffeln Wasser zur angeschwitzten, gehackten Zwiebel und lässt ihn direkt in dem Topf auftauen, was etwa 10 Minuten dauert. Falls Spinat bei Ihren Kindern generell nicht so gut ankommt: eine Hälfte der Wähe mit Pilzen und 1 Handvoll gefrorenen Erbsen belegen.
Das können Kinder tun: Den frischen Spinat in den Topf geben und zuschauen, wie aus einem ansehnlichen Haufen ein bescheidenes Häufchen wird.
Haltbarkeit: Wähenteig ist tiefgefroren 3 Monate haltbar.

Tomaten-Kartoffel-Wähe

Aus übrig gebliebenen in der Schale gekochten Kartoffeln kann man Bratkartoffeln zubereiten. Oder wenn nur noch ein paar in der Schüssel liegen: diese leckere Wähe.

Für 1 rundes Blech von 28 cm Durchmesser

1 Portion Wähenteig, frisch oder tiefgekühlt, siehe Seite 68
2–3 in der Schale gekochte Kartoffeln
Salz
200 ml Halbrahm (Sahne)
50 ml Milch
2 Eier
100 g Gruyère, frisch gerieben
Pfeffer aus der Mühle
300 g Datteltomaten
einige Thymianzweige, Blättchen abgezupft

Den Backofen auf 210 Grad Ober- und Unterhitze vorheizen. Den Wähenteig ausrollen, auf ein mit Backpapier belegtes Blech legen und mit einer Gabel mehrmals einstechen. Die Kartoffeln schälen, mit dem Gemüsehobel oder von Hand in dünne Scheiben schneiden und den Boden der Wähe damit belegen. Die Kartoffeln leicht salzen.

Die mit den Kartoffeln belegte Wähe etwa 15 Minuten im vorgeheizten Backofen auf der untersten Schiene vorbacken, damit der Boden auch sicher knusprig wird. Für den Guss den Halbrahm mit der Milch, den Eiern und dem frisch geriebenen Gruyère mischen, mit Salz und Pfeffer abschmecken.

Nach 15 Minuten Backzeit die halbierten Tomaten auf den Kartoffeln verteilen, die Wähe mit dem Guss übergießen, mit den Thymianblättchen bestreuen und in etwa 25 Minuten fertig backen.

Das schmeckt auch: Anstatt Käse Schinken in den Guss geben.
Haltbarkeit: Wähenteig ist tiefgefroren 3 Monate haltbar.

Flammkuchen mit Kürbis und Salbei

Ergibt Teig für 2 große Kuchenbleche, die Hälfte kann eingefroren werden

40 g frische Hefe
2 Prisen Zucker
500 g Mehl
½ TL Salz
4 EL Olivenöl

Für den Belag (für 1 großes Kuchenblech)
100 g Bratspeck
Olivenöl

200 g Crème fraîche
150 ml Halbrahm (Sahne)
Salz, frisch geriebene Muskatnuss
 und Pfeffer aus der Mühle
ca. 400 g Kürbisfruchtfleisch
 (zum Beispiel Muskat)
8 Salbeiblätter
frischer Schnittlauch, in Röllchen,
 zum Bestreuen

Die Hefe mit dem Zucker in 250 ml lauwarmem Wasser auflösen. Das Mehl in eine große Schüssel sieben, eine Vertiefung formen und die aufgelöste Hefe hineingeben. Gut mit dem Mehl vermischen – falls nötig noch 1 Esslöffel Wasser zugeben – und kurz mit der Hand durchkneten. Das Salz und das Olivenöl dazugeben. Alles entweder von Hand oder mit der Küchenmaschine zu einem glatten Teig kneten. Den Teig danach an einem warmen Ort etwa ½ Stunde aufgehen lassen.

Den Backofen auf 240 Grad Ober- und Unterhitze vorheizen. Für den Belag den Speck fein schneiden und in einer Bratpfanne in wenig Olivenöl knusprig braten. Den Speck auf einem Küchenpapier abtropfen lassen. Die Crème fraîche und den Halbrahm verrühren, mit Salz, wenig Muskat und Pfeffer würzen. Den Speck in die Mischung geben. Den Kürbis mit der Gemüsereibe reiben und ebenfalls hineingeben. Den Salbei fein schneiden und unterrühren. Die Mischung kurz durchziehen lassen. Noch einmal abschmecken und gegebenenfalls nachwürzen.

Die Hälfte des aufgegangenen Teigs gut in Alufolie verpacken und einfrieren. Die andere Hälfte noch einmal kurz kneten, dünn ausrollen und auf ein mit Backpapier belegtes Blech legen. Den Teig mit dem Kürbisbelag bestreichen. Den Flammkuchen auf der untersten Schiene des vorgeheizten Ofens backen, bis die Unterseite knusprig und leicht gebräunt ist. Das dauert rund 20 Minuten. Den Flammkuchen mit Schnittlauch bestreuen oder diesen separat dazu servieren. Dazu passt ein bunter Salat.

Das schmeckt auch: Ich bereite aus der Crème-fraîche-Rahm-Mischung jeweils 2 verschiedene Beläge zu. Hier einige Vorschläge, wie man die Grundmasse anreichern könnte: 1. Mit Speck und halbierten Tomaten. 2. Mit Camembert oder Brie. 3. Mit Stilton, 1 reifen, klein geschnittenen Birne und Walnüssen. 4. Mit Speck und glasig gebratenen Zwiebeln (das Original).

Das können Kinder tun: Den Kürbis raspeln.

Haltbarkeit: Flammkuchenteig ist tiefgekühlt 3 Monate haltbar.

Pasta, Reis & Co.

Rigatoni mit Thunfisch

Doppelrezept: Rigatoni mit Thunfisch und Rigatoniauflauf mit Krautstiel (Seite 86)

Das Beste an der WWF-Einkaufsratgeber-App ist: Seit ich sie heruntergeladen habe, steht bei uns wieder Thunfisch auf dem Speiseplan. Ich checke beim Fischhändler, ob der Verzehr der angebotenen Fische vertretbar ist – was von der genauen Art und der Herkunft abhängt –, und greife zu, wenn die App grünes Licht gibt.

Für 4 Portionen

½ Zwiebel
Olivenöl
3 Knoblauchzehen guter Qualität
100 ml Weißwein
400 g Dosentomaten (Pelati)
200 g frischer Thunfisch
750 g Rigatoni (etwa ein Drittel kommt später in den Rigatoniauflauf)
Salz
1 Bund glatte Petersilie
½ unbehandelte Zitrone

Die Zwiebel hacken und in einem Topf in Olivenöl anschwitzen. Den Knoblauch ebenfalls fein hacken und dazugeben. Mit Weißwein ablöschen und den Wein verdampfen lassen.

Die Pelati in den Topf geben und das Ganze etwa 15 Minuten köcheln lassen. Den Thunfisch in kleine Würfel schneiden und 5 Minuten in der Tomatensauce ziehen lassen.

In der Zwischenzeit die Rigatoni nach Packungsanleitung in ausreichend Salzwasser gar kochen. Die Petersilie fein hacken. Die Zitrone heiß abwaschen, trocknen und in Viertel schneiden.

Wenn die Rigatoni al dente sind, das Wasser abschütten und die Rigatoni gut abtropfen lassen. Etwa zwei Drittel der Pasta mit der Sauce, den Zitronenvierteln und mit der Petersilie bestreut servieren. Die restliche Pasta für den Rigatoniauflauf (siehe nachfolgendes Rezept) beiseitestellen.

Tipp: Leider riecht der getrocknete Knoblauch, den man im Supermarkt kaufen kann, schnell muffig. Kaufen Sie deshalb besser frischen Knoblauch und bewahren Sie ihn trocken, belüftet und kühl (aber nicht im Kühlschrank) auf.
Haltbarkeit: Gekochte Teigwaren sind in einem verschlossenen Gefäß im Kühlschrank aufbewahrt 2 Tage haltbar.

Rigatoniauflauf mit Krautstiel

Doppelrezept: Rigatoniauflauf mit Krautstiel und Rigatoni mit Thunfisch (Seite 84)

Dieser Auflauf kombiniert die übrig gebliebene Pasta mit einer Krautstielkruste. Simpel, gesund und lecker. Da kann nichts schiefgehen.

Für 4 Portionen

700 g Krautstiel (Mangold)
Salz
250 g Ricotta
200 g Sauerrahm (saure Sahne)
100 ml Rahm (Sahne)
3 Eier
Pfeffer aus der Mühle
die übrig gebliebenen Rigatoni (siehe vorangehendes Rezept)
150 g Schinken
etwa 100 g Parmesan, frisch gerieben
Butter für die Form und zum Bestreuen

Den Ofen auf 200 Grad Ober- und Unterhitze vorheizen. Den Krautstiel waschen; das grüne Kraut von den Stängeln schneiden und in feine Streifen schneiden, die Stängel je nach Dicke zwei- bis dreimal der Länge nach aufschneiden und ebenfalls klein schneiden. Beides in kochendem Salzwasser etwa 5 Minuten garen, bis das Gemüse knapp weich ist. Aus dem Topf nehmen und abtropfen lassen.

Den Ricotta mit dem Sauerrahm, dem Rahm und den Eiern verrühren. Mit Salz und Pfeffer würzen. Die übrig gebliebenen Rigatoni in eine gebutterte Auflaufform geben. Den Schinken klein schneiden und darübergeben. Den Krautstiel und die Ricottamasse daraufgeben und mit dem frisch geriebenen Parmesan sowie einigen Butterflocken bestreuen. Im vorgeheizten Backofen überbacken, bis die Oberfläche eine schöne hellbraune Farbe angenommen hat. Das dauert etwa 20 Minuten.

Das können Kinder tun: Den Krautstiel schneiden.
Haltbarkeit: Gekochte Teigwaren sind in einem verschlossenen Gefäß im Kühlschrank aufbewahrt 2 Tage haltbar.

Pesto

Aus selbst gezogenem Basilikum lässt sich dieses sommerfrische Pesto zubereiten und auf Vorrat einfrieren. Es ist dem pasteurisierten, gekauften Pesto geschmacklich um ein Vielfaches überlegen. Falls das Basilikum auf dem Balkon zu wenig üppig gedeihen sollte: Macht nichts, kaufen Sie es auf dem Markt.

Ergibt etwa 300 g, was nicht sofort gegessen wird, kann eingefroren werden

100 g Basilikumblätter (um diese Menge zu erhalten, braucht man etwa drei große Bund, wie sie auf dem Markt verkauft werden)
1–2 Knoblauchzehen guter Qualität
45 g Pinienkerne
½ TL Salz
150 ml Olivenöl
60 g Parmesan am Stück

Die Basilikumblätter abzupfen und falls notwendig kurz in kaltem Wasser waschen und anschließend zwischen Küchenpapier trocknen. Wenn Sie Ihrem Gemüsehändler vertrauen oder das Basilikum selbst gezogen und sauber ist, können Sie auf das Waschen verzichten (und so das Aroma schonen). Den Knoblauch hacken.
    Basilikumblätter, Knoblauch, Pinienkerne, Salz und Olivenöl in der Küchenmaschine oder mit dem Pürierstab bearbeiten, bis eine glatte Masse entstanden ist. Den Parmesan wegen der besseren Konsistenz von Hand reiben und zugeben.
    Für 4 Portionen etwa ein Drittel des Pestos mit 2–3 Esslöffeln heißem Spaghettikochwasser verdünnen und zu den Spaghetti servieren. Was übrig bleibt, portionsweise in Gläschen abfüllen (nicht randvoll, weil sich das Pesto beim Einfrieren noch etwas ausdehnt), die Oberfläche mit Olivenöl bedecken, Deckel drauf und einfrieren.

Das schmeckt auch: Wer den Knoblauch nicht so gut verträgt – einfach weglassen. Für Bärlauchpesto ebenfalls den Knoblauch weglassen und die Pinienkerne eventuell durch Mandeln ersetzen.
Tipp: Die Italiener frieren Pesto ohne Parmesan ein und vermischen den geriebenen Käse erst kurz vor dem Servieren mit dem aufgetauten Pesto.
Haltbarkeit: Pesto hält sich im Tiefkühlschrank bis zu 10 Monate lang.

Safran-Risotto mit gebratenem Gemüse

Doppelrezept: Safran-Risotto mit gebratenem Gemüse und Italienische Reisbällchen (Seite 93)

Für 4 Portionen, die Hälfte des Risottos wird für die italienischen Reisbällchen verwendet

1 l Gemüsebrühe
1 Zwiebel
80 g Butter
550 g Risottoreis
1 Schuss trockener Weißwein
2 Zucchini
Olivenöl

1 große Fenchelknolle
Meersalz und Pfeffer, beides aus der Mühle
einige Spritzer Zitronensaft
1 TL Safranfäden
100 g Parmesan oder Grana Padano, frisch gerieben, plus frisch geriebener Parmesan zum Servieren

Die Gemüsebrühe erhitzen. Die Zwiebel fein schneiden. Ein Drittel der Butter in einem Topf mit schwerem Boden zerlassen und die Zwiebel bei kleiner Hitze einige Minuten hellgelb anschwitzen. Den Reis zugeben, umrühren. Wenn der Reis heiß ist, mit dem Weißwein ablöschen und diesen vollständig verdampfen lassen. Nach und nach die heiße Gemüsebrühe zugießen.

Unterdessen die Zucchini in fingerbreite Scheiben schneiden. Etwas Olivenöl in einer beschichteten Bratpfanne erhitzen und den Boden der Pfanne mit den Zucchinischeiben belegen. Auf mittlere Hitze schalten und so lange braten, bis das Gemüse eine appetitliche Farbe angenommen hat, das dauert 5–7 Minuten pro Seite.

Den Fenchel putzen und längs in dünne Scheiben schneiden, sodass er am Ansatz noch zusammenhält, und in einer zweiten Bratpfanne bei relativ hoher Hitze in Olivenöl braten. Die Zucchini und den Fenchel mit frisch gemahlenem Meersalz und Pfeffer sowie etwas Zitronensaft würzen.

Wenn der Risotto fast gar ist, die Safranfäden zugeben und umrühren. Die Konsistenz sollte noch leicht suppig sein, da der Reis auch noch quillt, nachdem man ihn vom Herd genommen hat. Mit der restlichen Butter und dem geriebenen Parmesan verfeinern und mit Salz und Pfeffer abschmecken. Einige Minuten stehen lassen.

Etwa die Hälfte des Risottos auf Tellern anrichten, den Rest für die Italienischen Reisbällchen (siehe folgendes Rezept) beiseitestellen. Die gebratenen Zucchini- und Fenchelscheiben darauf verteilen. Mit frisch geriebenem Parmesan servieren.

Das schmeckt auch: Wer den Risotto lieber weiß mag, kann den Safran weglassen und mit der Zwiebel einige klein geschnittene Salbeiblätter anziehen lassen.
Tipp: Ich gebe den Safran jeweils gegen Ende der Kochzeit hinzu, damit er möglichst wenig von seinen flüchtigen Aromastoffen verliert. Man kann ihn aber auch am Anfang der Kochzeit zugeben, dann färbt er den Reis kräftiger ein.
Das lieben Kinder: Unsere Kinder mögen auf diese Weise gebratene Zucchini lieber als Zucchinirisotto.
Das lieben Eltern: Auch Chicorée lässt sich auf diese Weise braten, das leicht bittere Gemüse schmeckt herrlich zum Safranreis.
Haltbarkeit: Risotto ist zugedeckt im Kühlschrank 2 Tage haltbar.

Italienische Reisbällchen

Doppelrezept: Italienische Reisbällchen und Safran-Risotto mit gebratenem Gemüse (Seite 91)

Arancini – so heißen die Reisbällchen in Italien – sind Kinderüberraschungseier aus Reis: Der Kontrast zwischen der krossen Kruste und der weichen Füllung ist ebenso herrlich wie der Duft, der einem beim Aufbrechen der Kugeln in die Nase strömt. Seit ich herausgefunden habe, dass man Arancini auch ganz einfach im Backofen »frittieren« kann, hat dieses Doppelrezept einen festen Platz auf unserer Speisekarte.

Für 4 Portionen

Eventuell übrig gebliebenes Gemüse (siehe vorangehendes Rezept)
½ Mozzarellakugel
1 Bund glatte Petersilie
etwa 2 Portionen übrig gebliebener Safranrisotto (siehe vorangehendes Rezept)

Für die Panade
2 Eier
Salz, Pfeffer aus der Mühle
60 g Weißmehl (Type 405) oder helles Dinkelmehl
60 g Paniermehl
Olivenöl

Den Backofen auf 200 Grad Umluft vorheizen. Falls Zucchini oder Fenchel übrig geblieben ist, das Gemüse würfeln. Den Mozzarella ebenfalls würfeln.
    Für die Panade die Eier in einem tiefen Teller verquirlen und mit Salz und Pfeffer würzen. Das Mehl und das Paniermehl in je 1 tiefen Teller bereitstellen.
    Die Petersilie hacken und mit dem Risotto vermischen. Aus dem Risotto kleine Kugeln formen, je 1 Würfel Mozzarella und, falls vorhanden, etwas Gemüse hineindrücken. Die Kugeln mit Risotto verschließen und rund formen.
    Die Reiskugeln zuerst im Mehl, danach sorgfältig im Ei wenden. Zum Schluss durch das Paniermehl rollen, bis dieses gleichmäßig an den Reiskugeln haftet.
    Ein Backpapier auf ein Blech legen und darauf 3–4 Esslöffel Olivenöl geben. Die Reisbällchen durch das Olivenöl rollen, bis sie überall benetzt sind, und anschließend auf dem Blech verteilen. Im vorgeheizten Backofen 15–20 Minuten goldbraun backen. Mit einem gemischten Salat servieren.

Das schmeckt auch: Die Arancini mit übrig gebliebenem Fleischsugo oder mit Erbsen, Pancetta, Schinken oder einem anderen Käse füllen.
Tipp: Paniermehl lässt sich blitzschnell selbst zubereiten, indem man vollständig getrocknetes, helles Brot oder Toastbrot in der Küchenmaschine zerkleinert. In einer gut verschlossenen Dose ist es etwa 2 Monate haltbar.
Haltbarkeit: Risotto ist verschlossen im Kühlschrank 2 Tage haltbar.

Spaghettini mit Lauch, Speck und Knoblauch

In diesem Gericht entfalten Lauch und Knoblauch durch das langsame Schmoren ein mildes und süßliches Aroma, mit dem sich auch Kinder anfreunden können. Umso mehr, weil der Lauch hier in Begleitung von Rahm und Speck daherkommt.

Für 8 Portionen, die Hälfte kann tiefgekühlt werden

700 g Lauch
6 Knoblauchzehen guter Qualität
100 g Bratspeck
Olivenöl
Salz
1 Schuss Weißwein
500 g Spaghettini (für 4 Portionen)
300 ml Rahm (Sahne)
Pfeffer aus der Mühle
2 EL Petersilie, fein gehackt
Parmesan, frisch gerieben, zum Servieren

Den Lauch von der äußeren Schicht befreien, putzen, längs halbieren und fein schneiden. Den Knoblauch in feine Scheiben schneiden. Den Speck fein schneiden und in einem Topf mit schwerem Boden bei mittlerer Hitze in etwas Olivenöl zerlassen. Den Knoblauch und den Lauch zugeben, salzen und unter Rühren einige Minuten braten, bis das Gemüse zusammenfällt. Mit einem Schuss Weißwein ablöschen, den Wein verdampfen lassen. Einen gut schließenden Deckel aufsetzen und den Lauch bei kleinster Hitze etwa ½ Stunde lang weich kochen. Gut aufpassen, dass nichts anbrennt; falls notwendig, 1–2 Esslöffel Wasser zugeben.

Unterdessen die Spaghettini in Salzwasser al dente kochen, dann abgießen und abtropfen lassen. Etwa 5 Minuten bevor der Lauch gar ist, den Rahm zum Lauch geben und alles mit Salz und Pfeffer abschmecken. Die Hälfte der Sauce abkühlen lassen und für einen weiteren »Hey-Mama-ich-mag-jetzt-Lauch-Abend!« einfrieren, die andere Hälfte mit der gehackten Petersilie und dem frisch geriebenen Parmesan zu den Spaghettini servieren.

Das schmeckt auch: Etwas weniger Knoblauch verwenden, dafür gegen Ende der Kochzeit 150 g geriebenen Gruyère in die Sauce geben.
Das können Kinder tun: Den Lauch schneiden.
Haltbarkeit: Der Sugo hält sich tiefgekühlt 2 Monate.

Penne con fagioli, salsiccia e cioccolata

Keine Angst, dieser Sugo schmeckt nicht nach Schokolade, sie verleiht dem Gericht bloß eine samtweiche Note, die gut mit dem Schweinefleisch harmoniert.

Für 8 Portionen, die Hälfte kann eingefroren werden

220 g Borlotti-Bohnen	1 Stück Knollensellerie
4 Knoblauchzehen	1 Schuss Rotwein
2 Zweige frischer Rosmarin	800 g Dosentomaten (Pelati)
Salz	Pfeffer aus der Mühle
1 große Zwiebel	1–2 Prisen Chilipulver
Olivenöl	500 g Penne (für 4 Portionen)
4 Schweinsbratwürste guter Qualität	1 Riegel schwarze Schokolade (etwa 16 g)
3 Karotten	Parmesan, frisch gerieben, zum Servieren

Die Borlotti-Bohnen über Nacht einweichen. Am nächsten Tag die Bohnen abgießen und in frischem Wasser aufsetzen. 2 Knoblauchzehen anquetschen und zusammen mit 1 Rosmarinzweig zu den Bohnen geben (am besten in einem Gewürzsäckchen oder in einem Tee-Ei, damit man später die Nadeln wieder entfernen kann) und 1–1½ Stunden auf kleinster Stufe bissfest garen. Erst gegen Ende der Kochzeit salzen.

Unterdessen die Zwiebel fein schneiden und in einem Topf in Olivenöl anziehen lassen. Die restlichen Knoblauchzehen in Scheiben schneiden und dazugeben.

Die Bratwürste von der Haut befreien, in den Topf geben, mit dem Kochlöffel etwas zerkleinern und anbraten. Die Karotten klein schneiden, den Sellerie würfeln. Wenn das Fleisch etwas Farbe angenommen hat, die Karotten und den Sellerie dazugeben und alles einige Minuten weiterbraten. Mit Rotwein ablöschen und diesen vollständig verdampfen lassen. Die Tomaten dazugeben, mit Salz, Pfeffer, Chili, der Schokolade und dem restlichen, klein geschnittenen Rosmarin würzen. Den Sugo mindestens 30 Minuten, besser 1 Stunde, zugedeckt sanft köcheln lassen.

Sind die Bohnen gar, das Kochwasser abgießen, Knoblauch und Rosmarin entfernen. Die Bohnen zum Sugo geben und das Ganze weitere 5–10 Minuten köcheln lassen, damit sich die Aromen gut verbinden.

In der Zwischenzeit die Penne nach Packungsanleitung in ausreichend Salzwasser al dente garen, abgießen und abtropfen lassen. Die eine Hälfte des Sugos mit den Penne, dem frisch geriebenen Parmesan und einem Salat servieren, die andere Hälfte des Sugos einfrieren.

Das schmeckt auch: Anstatt Bratwürste gemischtes Hackfleisch verwenden.
Das können Kinder tun: Die Wurst aus der Haut pressen.
Haltbarkeit: Der Sugo hält sich tiefgekühlt 2 Monate. Ich koche jeweils auch gleich die doppelte Menge Borlotti-Bohnen und friere die, die ich nicht für die Pastasauce brauche, in wenig Kochwasser ein. Für die nächste Minestrone.

Breite Nudeln mit Rindfleisch-Paprika-Sugo

Ein einfacher Sugo mit Fleisch und Gemüse. Besänftigt Kinder nach aufreibenden Krippentagen.

Für 8 Portionen, die Hälfte kommt in den Tiefkühlschrank

500 g Rinderhackfleisch
Olivenöl
1 Zwiebel
2 Knoblauchzehen
3 Stangen Staudensellerie
2 gelbe Paprikaschoten
einige Zweige frischer Thymian, Blättchen abgezupft
800 g Dosentomaten (Pelati)
Salz, Pfeffer aus der Mühle
500 g frische Lasagneblätter (für 4 Portionen)
wenig Butter
Parmesan, frisch gerieben, zum Servieren

Das Hackfleisch in einem großen Topf in Olivenöl anbraten und beiseitestellen. Die Zwiebel hacken, den Knoblauch fein schneiden. Den Sellerie und die Paprika klein schneiden.

Die Zwiebel in demselben Topf wie das Hackfleisch anbraten, den Knoblauch und die Thymianblättchen dazugeben. Das klein geschnittene Gemüse beifügen, umrühren und einige Minuten braten. Danach die Tomaten dazugeben. Mit Salz und Pfeffer würzen. Etwa 20 Minuten bei kleiner Hitze kochen, bis sich das Öl vom Sugo absetzt.

Die frischen Lasagneblätter in breite Nudeln schneiden und in Salzwasser kochen. Wenn sie knapp weich sind, das Wasser abgießen und etwas Butter zu den Nudeln geben. Die Nudeln mit dem Sugo und frisch geriebenem Parmesan servieren. Den Rest des Sugos erkalten lassen und einfrieren.

Das können Kinder tun: Die Lasagneblätter zu Nudeln schneiden.
Haltbarkeit: Der Sugo hält sich tiefgekühlt 2 Monate einwandfrei.

Linguine mit Tomaten und Auberginen

Ich liebe in Öl gebratene Auberginen über alles, auch wenn manche behaupten, diese würden das Öl wie Schwämme aufsaugen. Ich verwende zum Braten jeweils eine Bratpfanne mit Antihaftbeschichtung und gebe 2–3 Esslöffel Olivenöl hinein. Nachdem ich die Auberginenscheiben kurz im Öl gewendet habe, sodass beide Seiten gleichmäßig mit Öl benetzt sind, brate ich sie bei nicht zu hoher Hitze. So erhält man bestimmt keine Auberginen, die vor Fett triefen.

Für 8 Portionen, die Hälfte zum Einfrieren

2 Auberginen
Olivenöl
1 Zwiebel
800 g Dosentomaten (Pelati)
500 g Linguine (für 4 Portionen)
Salz, Pfeffer aus der Mühle
Parmesan, frisch gerieben, zum Servieren

Die Auberginen in fingerdicke Scheiben schneiden und in 2–3 Esslöffeln Olivenöl bei knapp mittlerer Hitze langsam braten – die Hitze darf nicht zu groß sein, sonst verbrennen die Auberginen. Wenden, wenn die Unterseite eine schöne Farbe angenommen hat, und die Auberginen auf der anderen Seite fertig braten, bis sie weich sind. Das dauert insgesamt 15–20 Minuten.

In der Zwischenzeit die Zwiebel hacken und in Olivenöl anschwitzen. Die Dosentomaten dazugeben und leise köcheln lassen. Unterdessen die Linguine in kochendem Salzwasser al dente garen, dann abgießen und abtropfen lassen.

Die gebratenen Auberginen aus der Pfanne nehmen, mit Salz und Pfeffer bestreuen und etwas abkühlen lassen. In etwa 1 cm breite und 2 cm lange Stücke schneiden und in die Tomatensauce geben. Die Sauce mit den Linguine anrichten und mit frisch geriebenem Parmesan servieren.

Das schmeckt auch: Manchmal püriere ich zwei Drittel der Sauce, damit die Auberginenstücke teilweise in der Tomatensauce »verschwinden« und sich unsere Kinder stressfrei an das leckere Aroma gewöhnen können.
Das lieben Kinder: Die Auberginenstückchen aus der Tomatensauce fischen und den Eltern schenken.
Das können Kinder tun: Die Pastasorte auswählen.
Haltbarkeit: Der Sugo hält sich tiefgekühlt 2 Monate.

Tomatensauce mit Butter und Rosmarin

Falls Sie auch eine Tochter haben, die jedes einzelne Zwiebelstückchen aus dem Essen fischt und in fremden Tellern entsorgt, dann wird diese Tomatensauce ganz nach ihrem Geschmack sein: Die Zwiebel wird nach dem Kochen entfernt! Aber nicht nur Ihre Tochter wird diese Sauce lieben, jeder, der sie probiert, gerät ins Schwärmen. Der Grund dafür heißt: Butter. Butter? Ja, seit Marcella Hazan diese Tomatensauce in ihrem Kochbuch über die italienische Küche beschrieben hat, sind zwei Dinge klar. Erstens: Auch in Italien kocht man nicht nur mit Olivenöl. Zweitens: Butter bringt das Aroma sonnengereifter Tomaten perfekt zur Geltung. Wir aromatisieren den italienischen Klassiker gerne mit Rosmarin.

Für 8 Portionen, die Hälfte kann eingefroren werden

1,4 kg aromatische Tomaten
1 große Zwiebel
1 Rosmarinzweig
140 g Butter
Salz

Die Tomaten kreuzweise einschneiden und in kochendes Wasser tauchen, bis sich die Haut löst. Die Tomaten mit einer Gabel aus dem Wasser fischen, etwas erkalten lassen und die Haut abziehen, dann in Stücke schneiden. Die Zwiebel schälen und halbieren.

Die Tomaten in einem großen Topf zusammen mit der halbierten Zwiebel und dem Rosmarinzweig offen etwa 45 Minuten kochen lassen. Den Rosmarin legt man am besten in ein Gewürzsäckchen oder in ein Tee-Ei, damit man ihn später wieder restlos entfernen kann.

Die Zwiebel und den gesamten Rosmarin entfernen und die Sauce pürieren oder mit dem Kartoffelstampfer bearbeiten. Die Butter beigeben und alles mit Salz abschmecken. Diese Sauce passt nicht nur zu Pasta, sondern auch hervorragend zu Kartoffelgnocchi. Was übrig bleibt, kommt in den Tiefkühlschrank.

Das schmeckt auch: Es lohnt sich, diese Sauce im Hochsommer, wenn es auf dem Markt günstig sonnengereifte Tomaten zu kaufen gibt, auf Vorrat zuzubereiten. Will man sie außerhalb der Saison herstellen, verwendet man aber besser Pelati aus der Dose, diese haben mehr Geschmack als mittelmäßige Supermarkttomaten.
Das können Kinder tun: Die Tomaten kreuzweise einschneiden und häuten.
Haltbarkeit: Der Sugo hält sich tiefgekühlt 2–3 Monate.

Küchenexperiment: Butter

Jedes Mal, wenn mir mein Sohn beim Rahmschlagen zur Hand ging, musste ich ihn bitten, rechtzeitig wieder damit aufzuhören, damit aus dem Rahm nicht plötzlich Butter wird. Was natürlich zur Folge hatte, dass er sofort ausprobieren wollte, ob diese beinahe alchemistische Umwandlung auch tatsächlich funktioniert. Nun, ich habe ihn stets auf ein anderes Mal verströstet. Und muss zugeben, dass es viel zu lange gedauert hat, bis ich mein Versprechen endlich eingelöst habe. Diesen Sonntag war es dann so weit: Es funktioniert tatsächlich. Die Butter schmeckt wunderbar.

250 ml Schlagrahm (Schlagsahne) guter Qualität

Den Schlagrahm in einen Rührbecher füllen und mit dem Handrührgerät schlagen, bis sich Butterflocken bilden (1). Weiterschlagen, bis ein Butterklumpen entsteht. Die Buttermilch, die sich gebildet hat, in eine Schale geben und probieren. Sie schmeckt so gut, dass sich meine Hilfsköchin auf der Stelle einen Drink genehmigt hat.

Den Butterklumpen in eine Schüssel mit Eiswürfeln legen und (mit sauberen Händen!) kneten, bis keine Flüssigkeit mehr austritt. Die Butter zu einer Kugel oder Rolle formen und kühl stellen (2).

Aufs Brot streichen oder in die Tomatensauce mit Butter schmeißen (siehe vorangehendes Rezept).

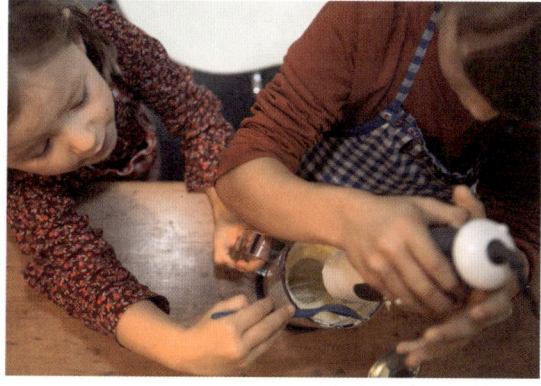

Grießauflauf mit Zwetschgen

Doppelrezept: Grießauflauf mit Zwetschgen und Grießschnitten auf Spinat (Seite 107)

Dieser Grießauflauf mit Zwetschgen schmeckt unseren Kindern so gut, dass sie wohl nichts dagegen hätten, wenn sich der »süße« Brei wie in dem Märchen der Gebrüder Grimm von Zauberhand vermehren und aus dem Topf quellen, zum Haus hinauslaufen und schließlich das ganze Dorf füllen würde, sodass sich »jeder hindurch essen müsste«.

Für 4 Portionen, die Hälfte der Grieß-Grundmasse wird zu Grießschnitten verarbeitet

Für die Grieß-Grundmasse
800 ml Milch
1 TL Salz
400 g Hartweizengrieß

Für den Grießauflauf
200 g saurer Halbrahm (saure Sahne)
200 ml Milch
½ unbehandelte Zitrone, abgeriebene Schale
3 EL Zucker
1 Päckchen Vanillezucker
900 g Zwetschgen
Butter für die Form

Die Milch, 700 ml Wasser und das Salz in einem großen Topf aufkochen lassen. Den Grieß einrühren und zugedeckt bei kleinster Hitze 5 Minuten köcheln lassen. Mehrmals kräftig umrühren, damit nichts anbrennt. Die Masse muss relativ trocken sein, damit sie sich nachher gut weiterverarbeiten lässt.

Nach 5 Minuten die Hälfte des Grießes in eine Schüssel umfüllen und für die Grießschnitten beiseitestellen und weiter verarbeiten (siehe folgendes Rezept).

Für den Grießauflauf den Backofen auf 200 Grad Ober- und Unterhitze vorheizen. Den restlichen Grieß mit dem sauren Halbrahm, der Milch, der Zitronenschale, 2 Esslöffeln Zucker und dem Vanillezucker kräftig verrühren.

Die Zwetschgen waschen, halbieren und entsteinen. Den Boden einer gebutterten Gratinform mit einer Schicht Zwetschgen belegen. Den süßen Grieß darübergeben. Mit den restlichen Zwetschgen abschließen und den restlichen Zucker darüber verteilen. Im vorgeheizten Backofen etwa 20 Minuten überbacken.

Tipp: Gefrorene Zwetschgen sind kein Ersatz, weil sie zu wenig Saft abgeben. Außerhalb der Zwetschgensaison wäre eine Variante mit tiefgekühlten Beeren und Rhabarbern einen Versuch wert.
Das können Kinder tun: Die Zwetschgen halbieren und entsteinen.
Haltbarkeit: Der vorbereitete Grieß ist im Kühlschrank 2 Tage haltbar.

Grießschnitten auf Spinat

Doppelrezept: Grießschnitten auf Spinat und Grießauflauf mit Zwetschgen (Seite 105)

Auf den süßen Auflauf folgt nun eine salzige Grießvariante: knusprig gebratene Schnitten auf Spinat.

Für 4 Portionen

½ Portion Grieß-Grundmasse (siehe vorangehendes Rezept)
60 g Bergkäse oder Gruyère, frisch gerieben
Salz
Olivenöl
½ Zwiebel
1 Knoblauchzehe
500 g Spinat
etwas körnige Gemüsebrühe
Pfeffer aus der Mühle

Die Grieß-Grundmasse noch während der Zubereitung des Grießauflaufs mit dem frisch geriebenen Bergkäse oder Gruyère verrühren und mit Salz abschmecken. In eine mit kaltem Wasser ausgespülte, rechteckige Gratinform geben und mit einem kalt abgespülten Teigspatel glatt streichen. Den Grieß erkalten lassen und zugedeckt im Kühlschrank beiseitestellen.

Den erkalteten Grieß mit einem Messer in Rauten schneiden. Die Grießschnitten in einer beschichteten Bratpfanne bei mittlerer Hitze in Olivenöl knusprig braten. Den Grieß erst anheben und drehen, wenn sich eine Kruste gebildet hat. Die gebackenen Schnitten aus der Pfanne nehmen und warm stellen.

Die Zwiebel und den Knoblauch hacken und kurz in einem großen Topf in etwas Olivenöl anziehen lassen. Den gewaschenen, tropfnassen Spinat hineingeben und zusammenfallen lassen. Etwas körnige Gemüsebrühe zugeben und den Spinat mit Salz und Pfeffer abschmecken. Die Grießschnitten auf dem Spinat anrichten und servieren.

Das schmeckt auch: Den Spinat mit je 1 Handvoll Rosinen und Pinienkernen zubereiten. Dazu den Spinat wie beschrieben dünsten. Die Rosinen etwa 10 Minuten einweichen. Die Pinienkerne in wenig Olivenöl goldbraun rösten. Zuerst die abgetropften Rosinen, danach den ausgedrückten Spinat zugeben und abschmecken. An alle, die Spinat auch nicht in dieser leicht süßlichen Variante mögen: Die Grießschnitten schmecken auch gut auf gedünstetem Lattich.
Das lieben Kinder: Spinat wird milder, wenn man ihn mit einem Schuss Rahm verfeinert.
Haltbarkeit: Der vorbereitete Grieß ist im Kühlschrank 2 Tage haltbar.

Lasagne mit Quark

Meine Mutter macht Lasagne mit Quark anstatt Béchamelsauce. Diese etwas leichtere Version des italienischen Klassikers schmeckt mir bis heute am besten. Ich serviere sie gerne als unkompliziertes Gästemenu, wenn viele Kinder am Tisch sitzen.

8 Portionen, 1 Lasagne kann tiefgekühlt werden

500 g Rinderhackfleisch	2 Msp. Cayennepfeffer
Olivenöl	Salz, Pfeffer aus der Mühle
1 Zwiebel	600 g Rahmquark (Sahnequark)
1 große Karotte	400 ml Milch
1 Stück Knollensellerie	400 g Lasagneblätter (ohne Vorkochen)
1 Lorbeerblatt	250 g Büffelmozzarella
1 Schuss Rotwein	frisch geriebener Parmesan
800 g Dosentomaten (Pelati)	Butter in Flöckchen

Das Fleisch in 2 Portionen in Olivenöl anbraten und beiseitestellen. Die Zwiebel, die Karotte und den Sellerie fein hacken und zusammen mit dem Lorbeerblatt in derselben Bratpfanne wie das Fleisch anbraten, bis alles etwas Farbe angenommen hat.

Das Fleisch wieder in die Pfanne geben und umrühren. Mit Rotwein ablöschen und den Wein verdampfen lassen. Die Dosentomaten und etwa 200 ml Wasser zugeben; die Sauce soll ziemlich flüssig werden, da Lasagneblätter verwendet werden, die direkt in der Sauce gar ziehen. Mit Cayennepfeffer, Salz und Pfeffer würzen und zugedeckt etwa 20 Minuten leise köcheln lassen. Danach das Lorbeerblatt entfernen.

Den Backofen auf 200 Grad Ober- und Unterhitze vorheizen. In der Zwischenzeit den Quark und die Milch mit einem Schwingbesen verrühren und mit Salz und Pfeffer abschmecken. Es muss eine relativ dünne Sauce entstehen.

2 Formen à 2–3 Liter Fassungsvermögen mit wenig Olivenöl bestreichen und den Boden jeweils mit Sugo bedecken. Eine Schicht Lasagneblätter darauflegen, mit einer Portion Quark-Milch-Sauce bedecken und so weiter. Den Mozzarella würfeln und auf eine der Quarkschichten verteilen. Mit Sugo abschließen. Die Blätter müssen knapp mit Flüssigkeit bedeckt sein; falls nötig, mit etwas Brühe auffüllen. Mit geriebenem Parmesan und mit Butterflocken bestreuen.

Die beiden Lasagneformen mit Alufolie abdecken und im vorgeheizten Ofen etwa 20 Minuten backen. Die eine Lasagne kann jetzt aus dem Ofen genommen und (wenn sie ausgekühlt ist) eingefroren werden. Die im Ofen verbleibende Lasagne in etwa 10 Minuten fertig gratinieren. Aus dem Ofen nehmen und 5–10 Minuten stehen lassen.

Das schmeckt auch: Der Mozzarella kann auch weggelassen werden.
Haltbarkeit: Die Lasagne ist gefroren problemlos 2 Monate haltbar. Im Kühlschrank auftauen und anschließend im vorgeheizten Ofen überbacken.

Küchenexperiment: Nudeln

Das Rezept gegen langweilige Sonntage heißt: Nudeln machen. So jedenfalls haben wir, als ich noch ein Teenager war, der sonntäglichen Eintönigkeit Einhalt geboten. Meine Mutter kochte, und ich war für die Pastaproduktion zuständig, während unsere Nachbarin an der Pastamaschine kurbelte. Die Nudelmaschine hatten wir im Urlaub in einem italienischen Haushaltswarenladen erstanden. Wahrscheinlich das beste Souvenir, das wir jemals mit nach Hause gebracht haben.

Für 8 Portionen, die Hälfte kann getrocknet werden

600 g Mehl
3 Prisen Salz
8 Eier

Außerdem
eine Pastamaschine
ein Wäscheständer oder eine Wäscheleine für das Aufhängen und Trocknen der Nudeln
ein paar saubere Küchentücher

Das Mehl mit dem Salz vermischen und mit der Hand einen Krater ins Mehl drücken. Danach dürfen die Küchenhelfer die Eier in den Krater aufschlagen und dort mit einer Gabel verquirlen (1) – sicherheitshalber kann man die Eier zuerst in ein Schüsselchen aufschlagen, so können die Eierschalenstückchen, die versehentlich hineinfallen, besser entfernt werden. Nach und nach das Mehl mit den Eiern vermischen. Etwas Mehl am Rand übrig lassen, vielleicht braucht es nicht alles.

Den Teig zusammenfügen, bis ein kompakter Klumpen entstanden ist. Die Kinder dürfen testen, ob der Teig die richtige Konsistenz hat: Wenn man einen – sauberen! – Daumen in den Teig steckt und wieder herauszieht, darf kein Teig mehr daran kleben. Falls doch noch Teig daran klebt, etwas mehr Mehl einarbeiten.

So knetet man richtig: Einen Handballen mit ganzer Kraft in den Teigballen drücken und den Teig gleichzeitig von sich wegschieben, danach den Teig einmal einschlagen und ihn etwas gedreht wieder vor sich hinlegen. Und von vorne. Zuerst dürfen sich die Kinder austoben; wenn deren Kraft verpufft ist, übernehmen Sie. Den Teig kneten, bis er geschmeidig ist, das dauert etwa 8 Minuten.

Jetzt ist der Teig bereit zum Walzen: etwa 1 cm dicke Teigscheiben zuschneiden (2), die Anschnitte etwas dicker, sodass alle Teigstücke ungefähr gleich schwer sind. Das erste Teigstück platt drücken und mindestens siebenmal durch die Walze treiben (3), wobei die Öffnung immer kleiner gestellt wird. Am besten geht das, wenn ein Erwachsener den Teig hält und die Walze einstellt und ein Kind die Kurbel bedient. Ist der Teig hauchdünn, treibt man ihn sorgfältig durch den Nudelschneidesatz.

Die Nudeln, die unten aus der Maschine kommen, mit einer Hand auffangen (4) und an einem Wäschetrockner oder einer Wäscheleine aufhängen. Sobald sie etwas angetrocknet sind und nicht mehr zusammenkleben, auf ein Küchentuch legen; so verhindert man, dass sie brechen und zu Boden fallen, wenn sie ganz getrocknet sind. Die eine Hälfte der Nudeln ergibt zusammen mit einem guten Sugo (zum Beispiel dem klassischen Ragù, siehe Seite 118) ein leckeres Sonntagsessen, die andere Hälfte kommt in den Vorratsschrank, sobald die Nudeln ganz trocken sind.

Tipp: Es gibt verschiedene Pastamaschinen, aber am besten sind immer noch die klassischen, die man von Hand kurbelt.
Haltbarkeit: Die Nudeln vollständig trocknen lassen (das dauert etwa 24 Stunden). Danach sind sie in einem gut verschlossenen Gefäß oder Beutel mehrere Wochen haltbar. Bei getrockneten Nudeln verlängert sich die Kochzeit um einige Minuten.

Zitronen-Hackfleisch-Paprika mit Reis

Doppelrezept: Zitronen-Hackfleisch-Paprika mit Reis und Gebratener Reis mit Gemüse (Seite 116)

Als Abwechslung zum Rinderhack mögen wir manchmal auch das etwas deftigere Schweinehackfleisch. In diesem Rezept sorgt die Zitrone für einen Frischekick.

Für 4 Portionen, die Hälfte des gekochten Reises wird für den gebratenen Reis verwendet

500 g Schweinehackfleisch
Olivenöl zum Braten
½ Zwiebel
2 größere oder 3 kleinere Stangen Staudensellerie
1 Knoblauchzehe
2 EL Liebstöckel oder glatte Petersilie, frisch gehackt

Salz, Pfeffer aus der Mühle
1 unbehandelte Zitrone, abgeriebene Schale und 2–3 EL Saft
3 Paprikaschoten
wenig Gemüsebrühe
Parmesan, frisch gerieben
Butter in Flöckchen
400 g Wild- oder Basmatireis

Den Backofen auf 200 Grad Umluft vorheizen. Das Hackfleisch in einer großen Bratpfanne in etwas Olivenöl bei großer Hitze anbraten, dann beiseitestellen.

Die Zwiebel hacken und in derselben Pfanne wie das Fleisch bei mittlerer Hitze anbraten. Den Staudensellerie vorbereiten: dickere Stangen zuerst der Länge nach halbieren und dann in feine Scheibchen schneiden, dünnere Stangen gleich in Scheibchen schneiden. Den Knoblauch hacken. Den Sellerie mit dem Knoblauch und den gehackten Kräutern in die Pfanne geben und wenige Minuten anziehen lassen.

Das Fleisch wieder zurück in die Pfanne geben und alles mit Salz und Pfeffer sowie Zitronenschale und -saft abschmecken. Die Füllung soll würzig und leicht zitronig schmecken.

Die Paprika halbieren und entkernen, alle weißen Teile entfernen und die Paprikahälften in eine ofenfeste Form stellen, die etwa 2 cm hoch mit Gemüsebrühe gefüllt ist. Die Paprikahälften mit der Fleisch-Sellerie-Mischung füllen, mit frisch geriebenem Parmesan bestreuen und mit Butterflocken belegen.

Die Paprikahälften im vorgeheizten Ofen überbacken, bis sie weich sind. Das dauert etwa 15–20 Minuten. Falls die Oberfläche zu schnell bräunt, abdecken. In der Zwischenzeit den Reis in Salzwasser knapp weich garen, dann abgießen und abtropfen lassen. Die gefüllten Paprikaschoten mit dem Reis servieren.

Tipp: Staudensellerie hält sich im Kühlschrank länger, wenn man ihn in ein feuchtes Haushaltspapier einwickelt. Übrig gebliebene Stangen können – gewaschen und einzeln in Alufolie gewickelt – eingefroren und später für Schmorgerichte oder Pastasaucen verwendet werden: dazu die Stangen einfach mit einem scharfen Messer klein schneiden und in gefrorenem Zustand anbraten.

Haltbarkeit: Gekochter Reis ist in einem geschlossenen Gefäß im Kühlschrank aufbewahrt ohne Weiteres 2 Tage haltbar.

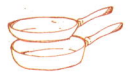

Gebratener Reis mit Gemüse

Doppelrezept: Gebratener Reis mit Gemüse und Zitronen-Hackfleisch-Paprika mit Reis (Seite 114)

Eine blitzschnelle Version des Reis-Gemüse-Klassikers, die dank der knackigen Kefen und der Pfefferminze ungewohnt erfrischend schmeckt.

Für 4 Portionen

½ Wirz (Wirsing)
1 EL Butter
2 EL Gemüsebrühe
250 g Kefen (Zuckererbsen)
1 rote Paprikaschote
½ EL Sojasauce
Salz, Pfeffer aus der Mühle
der übrig gebliebene Reis (siehe vorangehendes Rezept)
2–3 Pfefferminzzweige

Den Wirz in dünne Streifen schneiden und in einer Bratpfanne in Butter unter Zugabe der Gemüsebrühe zugedeckt und unter gelegentlichem Rühren 5 Minuten dünsten. Die Kefen putzen: dazu jeweils beide Enden abschneiden. Die Paprikaschote in feine Streifen schneiden. Zusammen mit den Kefen zum Wirz geben. Mit Sojasauce, Salz und Pfeffer würzen und weitere 3–4 Minuten dünsten. Die Kefen müssen noch knackig sein.
    Den übrig gebliebenen Reis in die Pfanne geben und ebenfalls erwärmen. Die Pfefferminze klein hacken. Den Gemüsereis mit der Pfefferminze bestreuen und servieren.

Das schmeckt auch: Wenn der Grill in Betrieb genommen wird, mache ich aus dem übrig gebliebenen Reis auch gerne einen Reissalat. Zum Beispiel mit 500 g bissfest gekochten Stangenbohnen, 1 Handvoll geviertelten Cherrytomaten, gerösteten Kürbiskernen und einem Dressing aus weißem Balsamicoessig, Zitronensaft, Olivenöl, Salz und Pfeffer.
Haltbarkeit: Gekochter Reis ist in einem geschlossenen Gefäß aufbewahrt im Kühlschrank ohne Weiteres 2 Tage haltbar.

Das 3-Stunden-Ragù vom Rind und Schwein

»Spaghetti Bolo« ist nicht nur das Lieblingsessen vieler Kinder, sondern auch eine Schweizer Erfindung. In Bologna heißt diese Sauce nämlich schlicht Ragù und wird mit Nudeln gegessen. Da ein echtes Ragù drei Stunden kochen muss, wäre es direkt unvernünftig, nur für eine Mahlzeit zu kochen.

Für 12 Portionen, was übrig bleibt, kann eingefroren werden

600 g Rinderhackfleisch
300 g Schweinehackfleisch
Olivenöl zum Braten
50 g Pancetta
1 große Zwiebel
4 Karotten
⅓ – ½ Knollensellerie

Salz, Pfeffer aus der Mühle
1 Prise frisch geriebene Muskatnuss
200 ml Milch
200 ml Weißwein
1,2 kg Dosentomaten (Pelati)
Parmesan, frisch gerieben, zum Servieren

In einem großen Topf mit schwerem Boden das Hackfleisch in Olivenöl in 3 Portionen anbraten, dann aus dem Topf nehmen und beiseitestellen. Den Pancetta klein würfeln und mit wenig Olivenöl bei mittlerer Hitze in dem Topf auslassen. Die Zwiebel, die Karotten und den Sellerie klein schneiden und zu dem Pancetta geben. Wenn das Gemüse etwas angeröstet ist, das Hackfleisch wieder dazugeben und alles gut mischen. Mit Salz, Pfeffer und frisch geriebener Muskatnuss würzen.

Zur Verbesserung des Röstgeschmacks nun die Milch zugeben, die Hitze etwas höher stellen und die Milch vollständig verdampfen lassen. Erst danach den Weißwein zugeben und ebenfalls vollständig verdampfen lassen. Jetzt die grob zerteilten Pelati dazugeben. Der Sugo muss nun etwa 3 Stunden sanft köcheln, der Deckel soll dabei einen Spalt breit offen sein, damit etwas Wasser verdampfen kann. Ab und zu umrühren, damit nichts anbrennt. Wird der Sugo zu trocken, etwas Wasser zugeben. Am Schluss muss die Konsistenz wieder körnig sein.

Den Sugo gegen Ende der Kochzeit mit Salz und Pfeffer abschmecken. Am besten schmeckt dieses Ragù zu selbst gemachten Nudeln (siehe Seite 111) und mit frisch geriebenem Parmesan bestreut. Oder zu Spaghetti. Was übrig bleibt, erkalten lassen und portionsweise einfrieren.

Das schmeckt auch: Nur Rinderhackfleisch verwenden. Puristen lassen auch den Pancetta weg.
Das können Kinder tun: Gelegentlich umrühren und abschätzen, ob das Ragù zu trocken geworden ist.
Haltbarkeit: Das Ragù lässt sich problemlos 2 Monate einfrieren. Vor dem Servieren über Nacht im Kühlschrank auftauen lassen.

Vollkornreis mit Rindfleisch und Brokkoli

Doppelrezept: Vollkornreis mit Rindfleisch und Brokkoli und Reisküchlein mit Lauch und Dip (Seite 122)

Vollkornreis ist nicht nur gesund, richtig zubereitet schmeckt er auch sehr aromatisch. Da man ihn etwas länger kochen muss, lohnt es sich auf jeden Fall, ein Doppelmenu einzuplanen. In diesem asiatisch inspirierten Gericht harmonieren Rindfleisch, Brokkoli, Orange, Sojasauce und der nussig-süßliche Vollkornreis einfach perfekt miteinander. Ein sättigendes Essen für kalte Tage.

Für 4 Portionen, etwa die Hälfte des Vollkornreises wird später zu Reisküchlein weiterverarbeitet

1 Zwiebel	1 EL Sojasauce
neutrales Bratöl, zum Beispiel Rapsöl	1 TL Rohzucker
500 g Vollkornreis	1½ TL Maizena (Maisstärke)
1 Schuss Weißwein	1 Brokkoli
etwa 1 l Gemüsebrühe	300 g Rindersteak
1 Orange, Saft	2 Knoblauchzehen
1 TL weißer Balsamicoessig	Salz, Pfeffer aus der Mühle

Die Zwiebel hacken und in einem Topf in neutralem Öl anschwitzen. Den Reis in den Topf geben, gut umrühren und mit dem Weißwein ablöschen. Den Wein verdampfen lassen. Unterdessen die Gemüsebrühe erhitzen. Nach und nach die heiße Gemüsebrühe zum Reis geben und den Reis zugedeckt sanft köcheln lassen, bis er gar ist, aber noch etwas Biss hat. Das dauert 40–60 Minuten.

Orangensaft, Essig, Sojasauce, Rohzucker und Maisstärke in einer kleinen Schüssel mit dem Schwingbesen verrühren, bis sich die Maisstärke aufgelöst hat.

Vom Brokkoli den unteren Teil des Strunks abschneiden, den Rest des Strunks schälen und in kleine Stücke schneiden, die Röschen abtrennen und die größeren halbieren oder vierteln. Den Brokkoli auf einem Siebeinsatz in Wasserdampf bissfest garen.

Das Rindfleisch in sehr dünne Streifen schneiden und in einer heißen Bratpfanne in neutralem Öl von allen Seiten kurz anbraten, das Fleisch dabei einige Male wenden, bis es überall eine schöne Farbe angenommen hat. Den Knoblauch schälen, hacken, dazugeben und ganz kurz mitbraten. Aufpassen, dass nichts anbrennt.

Die Orangensauce zum Fleisch geben und kurz andicken lassen. Es soll eine dickliche Sauce entstehen, wahrscheinlich müssen Sie noch etwas Wasser zugeben, bis die Konsistenz stimmt. Den Brokkoli mit dem Fleisch mischen und mit Salz und Pfeffer abschmecken. Auf dem Vollkornreis servieren.

Das lieben Eltern: Die abgeriebene Schale von ½ unbehandelten Orange verstärkt den herben Charakter der Sauce.
Haltbarkeit: Vollkornreis kann man zugedeckt 2 Tage im Kühlschrank aufbewahren.

Reisküchlein mit Lauch und Dip

Doppelrezept: Reisküchlein mit Lauch und Dip und Vollkornreis mit Rindfleisch und Brokkoli (Seite 120)

In diesen leckeren Reisküchlein steckt ziemlich viel Lauch. Dieser verbindet sich jedoch so harmonisch mit dem Vollkornreis, dass unsere Kinder – die Lauch grundsätzlich verabscheuen – bislang noch nie Verdacht geschöpft haben.

Für 4 Portionen

300 g Lauch
Butter
Salz
der übrig gebliebene Vollkornreis (siehe vorangehendes Rezept)
2 Eier
6 EL Mehl
Olivenöl zum Braten

Für den Dip
½ Becher griechischer Naturjoghurt
½ Becher Sauerrahm (saure Sahne)
1 Bund Schnittlauch, geschnitten
1 Spritzer Zitronensaft
Salz, Pfeffer aus der Mühle

Den Lauch putzen und die jeweils äußere Schicht entfernen. Jede Stange einmal längs halbieren, danach fein schneiden. Etwas Butter zerlassen. Den Lauch hineingeben, salzen und bei kleinster Hitze zugedeckt schmoren, bis er weich ist. Das dauert etwa 15 Minuten. Aufpassen, dass der Lauch nicht braun wird. Falls nötig, 1 Esslöffel Wasser zugeben.

Unterdessen den übrig gebliebenen Vollkornreis mit den Eiern mischen. Den Lauch und das Mehl darunterrühren. Aus der Reismasse kleine Küchlein formen und diese in einer Bratpfanne in Olivenöl bei mittlerer Hitze braten, bis sich eine schöne Kruste gebildet hat. Sorgfältig wenden und von der anderen Seite fertig braten.

Für den Dip den Joghurt mit dem Sauerrahm und dem klein geschnittenen Schnittlauch vermischen und alles gut verrühren. Mit Zitronensaft, Salz und Pfeffer würzen.

Das schmeckt auch: Anstatt Lauch ein paar Frühlingszwiebeln verwenden.
Das lieben Kinder: Die Joghurt-Sauerrahm-Mischung ohne Schnittlauch, dafür mit kleinen Paprika- und Gurkenstückchen und eventuell 1 entkernten, gewürfelten Tomate zubereiten. Den Dip mit Salz, Pfeffer, Zitronensaft und etwas Ketchup, 1 Prise mildem Paprikapulver und eventuell 1 Prise Zucker abschmecken.
Haltbarkeit: Vollkornreis kann man zugedeckt 2 Tage im Kühlschrank aufbewahren.

Weiße und grüne Kartoffelgnocchi

8 Portionen, die Hälfte kann tiefgekühlt werden

1,8 kg mehlig kochende Kartoffeln
3 Eier
Salz
270–360 g Mehl
1 Bund gemischte frische Kräuter,
  zum Beispiel Basilikum, Salbei und Rosmarin
Butter
Mehl für die Arbeitsfläche
Parmesan, frisch gerieben, zum Servieren

Für die Sauce
400 g Dosentomaten (Pelati)
½ Zwiebel
etwas Butter
Salz, Pfeffer aus der Mühle

Die Kartoffeln gründlich waschen und mitsamt der Schale in Wasserdampf garen – auf keinen Fall im Wasser kochen, weil sie sonst Wasser ziehen und bei der Weiterverarbeitung zu viel Mehl verwendet werden muss. Die Kartoffeln abgießen, noch warm schälen und durch das Passevite treiben.

Die zerdrückten Kartoffeln mit den verquirlten Eiern und 2½ Teelöffel Salz verrühren. So viel Mehl zugeben, bis der Teig (fast) nicht mehr klebt. Den Teig halbieren. Die Kräuter klein hacken und vorsichtig in die eine Hälfte des Teigs einarbeiten. Den Teig auf einer bemehlten Arbeitsfläche zu fingerdicken Rollen formen und diese schräg in etwa 3 cm lange Gnocchi schneiden.

Viel Salzwasser zum Kochen bringen und je die Hälfte der weißen sowie der grünen Gnocchi etwa 5 Minuten darin gar ziehen lassen. Mit einer Schöpfkelle herausnehmen und gut abtropfen lassen. Die Butter in einem kleinen Topf zerlassen.

Die Gnocchi auf einer Platte anrichten, die zerlassene Butter darübergeben, damit sie nicht kleben, und warm stellen.

Für die Tomatensauce die Pelati mit der geschälten, ganzen Zwiebel und etwas Butter sanft köcheln lassen. Die Zwiebel entfernen und die Pelati mit dem Kartoffelstampfer zerdrücken oder pürieren. Die Sauce mit Salz und Pfeffer abschmecken.

Die Gnocchi mit der Tomatensauce und frisch geriebenem Parmesan servieren. Die andere Hälfte der Gnocchi (ungekocht) auf ein Blech legen und in den Tiefkühlschrank stellen. Wenn sie gefroren sind, in einen Gefrierbeutel umfüllen.

Das schmeckt auch: Man kann die Gnocchi auch mit Mascarpone und Gorgonzola belegen und gratinieren. Oder mit gebratenen Pilzen anrichten.
Tipp: Es gilt die Regel: So viel Mehl wie nötig, und das ist so viel, bis der Teig nicht – oder fast nicht – mehr klebt.
Das können Kinder tun: Die Gnocchi rollen und schneiden.
Das lieben Kinder: Meistens bevorzugen Kinder die weißen Gnocchi, deshalb mische ich nur unter die Hälfte des Teigs Kräuter.
Haltbarkeit: Kartoffelgnocchi sind gefroren 2 Monate haltbar.

Polenta mit Ratatouille

Doppelrezept: Polenta mit Ratatouille und Maispizza (Seite 128)

Für 4 Portionen, die Hälfte der Polenta wird später für die Maispizza verwendet

900 ml Milch	1 Zucchini
wenig gekörnte Gemüsebrühe	1 Paprikaschote
Salz	½ Fenchel
440 g 5-Minuten-Polenta	1 Stange Staudensellerie
Butter	2 Frühlingszwiebeln
1 Handvoll frisch geriebener Parmesan	2–3 Knoblauchzehen
	400 g Dosentomaten (Pelati)
Für die Ratatouille	Salz, Pfeffer aus der Mühle
1 kleine Aubergine	1 TL Safranfäden
Olivenöl zum Braten	¾–1 EL Balsamicoessig

Die Aubergine würfeln und in einer Bratpfanne in Olivenöl bei mittlerer Hitze anbraten, bis die Würfel etwas Farbe angenommen haben. Unterdessen die Zucchini in Scheiben schneiden, die Paprika halbieren, von den Samen und Trennhäuten befreien und in Streifen schneiden. Den Fenchel vierteln und in feine Streifen schneiden, den Staudensellerie in Scheiben schneiden, die Frühlingszwiebeln vierteln. Die Knoblauchzehen halbieren und zu den Auberginen geben, kurz mitbraten. Eventuell etwas zusätzliches Olivenöl zugeben. Das vorbereitete Gemüse zufügen und einige Minuten braten. Das Gemüse mit den Dosentomaten ablöschen, mit Salz und Pfeffer würzen. Einen Deckel auf die Pfanne setzen und alles unter gelegentlichem Rühren köcheln lassen, bis das Gemüse weich ist. Wenige Minuten vor Ende der Kochzeit die Safranfäden einrühren. Mit dem Balsamicoessig und gegebenenfalls erneut mit Salz und Pfeffer abschmecken.

Unterdessen für die Polenta die Milch und 1,2 l Wasser mit etwas gekörnter Gemüsebrühe und Salz würzen. Gemäss Packungsanleitung köcheln. Mit einem großen Stück Butter und frisch geriebenem Parmesan abschmecken.

Für die Maispizza (siehe folgendes Rezept) etwa die Hälfte der Polenta in eine kalt ausgespülte Form gießen und glatt streichen. Die Ratatouille mit der restlichen Polenta servieren.

Das schmeckt auch: Natürlich kann man auch einen Maisgrieß verwenden, der eine längere Kochzeit verlangt, zum Beispiel den gröberen Bramata. Wenn man das vorgegarte Produkt aber etwa 10 Minuten köcheln lässt, ist das Resultat auch sehr gut. Wenn man die Polenta weglässt und stattdessen einige in Stücke geschnittene Kartoffeln mitkocht, wird aus der Ratatouille ein sättigender Eintopf. Ein Klacks Pesto auf der Ratatouille schmeckt in jedem Fall hervorragend.
Das lieben Kinder: Einen Tomatensauce-See in der Polenta. Sich das Lieblingsgemüse aus der Ratatouille fischen.
Haltbarkeit: Polenta lässt sich im Kühlschrank 2 Tage aufbewahren.

Maispizza

Doppelrezept: Maispizza und Polenta mit Ratatouille (Seite 126)

Es muss nicht immer Pizza sein. Maispizza schmeckt auch sehr gut. Zudem lässt sich der Kinderklassiker auch für Erwachsene interessant gestalten.

Für 4 Portionen

Für die Pizza
die übrig gebliebene Polenta (siehe vorangehendes Rezept)
1 Handvoll Champignons
100 g Taleggio
80 g Schinken
½ rote Zwiebel
1 aromatische Fleischtomate
frisches Basilikum
Meersalz und Pfeffer, beides aus der Mühle
Olivenöl

Für die Tomatensauce
¼ rote Zwiebel
Olivenöl
400 g Dosentomaten (Pelati)
Salz, Pfeffer aus der Mühle
1 Prise Zucker

Für die Maispizza die Polenta noch während der Zubereitung der Polenta mit Ratatouille 1–2 cm hoch in eine kalt ausgespülte große Gratinform oder in ein kalt ausgespültes Backblech geben, glatt streichen und erkalten lassen. Danach mit Frischhaltefolie abdecken und in den Kühlschrank stellen.

Für die Tomatensauce die Zwiebel fein hacken und in etwas Olivenöl anziehen lassen. Die Pelati (ohne Saft) dazugeben. Mit Salz, Pfeffer und Zucker würzen und etwa 20 Minuten einköcheln lassen.

Den Backofen auf 230 Grad Ober- und Unterhitze vorheizen. Die Tomatensauce auf der vorbereiteten Polenta verteilen. Die Champignons in feine Streifen, den Taleggio in Scheiben schneiden und beides auf der Pizza verteilen. Den Schinken in Stücke, die Zwiebel in dünne Spalten, die Tomate in Scheiben schneiden und alles ebenfalls auf der Pizza verteilen. Die Basilikumblättchen abzupfen und über die Pizza streuen. Mit frisch gemahlenem Meersalz und Pfeffer würzen.

Die Maispizza im vorgeheizten Backofen überbacken, bis der Käse verlaufen ist und sich stellenweise hellbraun zu verfärben beginnt. Wenig Olivenöl darüber verteilen und mit einem Salat servieren.

Das schmeckt auch: Die Maispizza lässt sich auch mit anderem Gemüse, etwa fein geschnittenen Paprikaschoten oder Zucchini, belegen. Den Schinken kann man durch Pancetta ersetzen oder für ein vegetarisches Gericht weglassen.
Das lieben Kinder: Eine Hälfte der Maispizza mit dem milderen Mozzarella belegen.
Das können Kinder tun: Die Maispizza belegen.
Haltbarkeit: Polenta kann man 2 Tage im Kühlschrank aufbewahren.

Ravioli mit Spinat-Ricotta-Füllung

Samuel Binkert und Daniela Helbling Binkert, *Bravo Ravioli*, Zürich

Wenn Daniela Helbling Binkert für ihre Familie kocht, könnte so manche Mutter neidisch werden: Meistens nehme sie einfach die nicht verkauften Mittagsmenüs, frische Ravioli oder einen Salat, der gegessen werden muss, aus ihrem Laden mit nach Hause, sagt sie lachend. Und ihr Mann Samuel Binkert ergänzt: »Ich bin echt froh, dass wir fast nie einkaufen müssen. Im Supermarkt bin ich total überfordert.« Lieber steht er in seiner kleinen Fattoria in Zürich-Höngg, wo er jeden Tag aus über hundert Eiern und vierzig Kilogramm Mehl Teig herstellt und diesen zu Ravioli weiterverarbeitet, die jedem italienischen Ristorante gut anstehen würden.

In die Pastaproduktion ist der gelernte Koch eingestiegen, weil er mit der Qualität der Ravioli, die er für das Restaurant einkaufte und zubereitete, nicht immer ganz zufrieden war und er sich sagte: »Das kann man besser machen.« Mittlerweile beliefert er selbst Restaurants. Seine Töchter Mathilda (6) und Roberta (3) schwören auf die unten beschriebene Spinat-Ricotta-Variante. Genau genommen essen sie aber fast alle Sorten gerne. »Denn das ist ja ziemlich praktisch bei den Ravioli«, sagt ihre Mutter, »die Füllung ist unter der vertrauten Pastahülle versteckt.«

Zugegeben, Ravioli kann man nicht auf die Schnelle machen. Aber für dieses hervorragende Rezept lohnt sich der Aufwand. Laden Sie einen netten Helfer zum Apéro und Kurbeln (der Pastamaschine) ein. Sie werden sich bald wie in einer italienischen Pasta-Fattoria fühlen und richtig Spaß daran haben.

Ergibt 8 Portionen, die Hälfte kann tiefgekühlt werden

Für den Teig
290 g Hartweizendunst
130 g Weißmehl (Type 405)
1¼ TL Salz
3 Eier
1½ EL Olivenöl

Für die Füllung
500 g Spinat
Salz
400 g Ricotta
100 g Mozzarella, gewürfelt
100 g Parmesan, frisch gerieben
wenig Cayennepfeffer
wenig frisch geriebene Muskatnuss

Außerdem
eine Pastamaschine zum Kurbeln
ein Ravioliebrett
Mehl für die Arbeitsfläche
Olivenöl guter Qualität
1 Handvoll frische Kräuter
Parmesan, frisch gerieben, zum Servieren

Für den Teig den Hartweizendunst mit dem Mehl und dem Salz in die Küchenmaschine geben und bei laufendem Motor nacheinander die Eier, 2½ Esslöffel Wasser und das Öl in die Schüssel geben und den Teig etwa 2 Minuten kneten. Es entsteht ein krümeliger Teig, der zusammenhält, wenn man ihn zu einer Kugel formt. Falls er noch zu trocken ist, etwas Wasser untermischen.

Den Teig auf der Arbeitsfläche mehrere Minuten von Hand glatt kneten, eine Wurst daraus rollen und diese in 9 gleich große Stücke schneiden. Die Teigstücke mindestens 30 Minuten in einem Plastikbeutel im Kühlschrank ruhen lassen.

Unterdessen die Füllung zubereiten: Den Spinat mit einer Schöpfkelle in gut gesalzenes, kochendes Wasser drücken und zugedeckt wieder aufkochen lassen. Dann abgießen, kalt abspülen und gut ausdrücken. Mit allen anderen Zutaten der Füllung in der Küchenmaschine oder mit dem Pürierstab mixen. Die Masse bis zur Weiterverarbeitung kalt stellen.

Eine Portion Teig gut durchkneten und zu einem flachen Rechteck drücken. Die Walzen der Pastamaschine möglichst weit einstellen, den Teig mehrmals durchdrehen und nach jedem Walzen beide Enden in die Mitte des Teigstücks falten, sodass das Teigstück eine möglichst rechteckige Form bekommt. Fühlt sich der Teig seidig an, wird er nicht mehr gefaltet, dafür wird die Walze nach jedem Durchgang enger gestellt. Falls der Teig klebt, etwas bemehlen. Am Schluss sollte man ein dünnes Rechteck von etwa 10–13 cm Breite und 40–50 cm Länge erhalten. Falls nötig, kann man es ganz vorsichtig etwas auseinanderziehen.

Das fertig ausgerollte Teigrechteck auf ein Raviolibrett legen und sorgfältig in die Vertiefungen drücken. Ein zweites Stück Teig genau gleich ausrollen. In jede Raviolivertiefung etwa 1 Teelöffel der Spinat-Ricotta-Füllung geben. Die Teigränder mit Wasser bepinseln, das zweite Teigstück darauflegen, die Ravioliränder gut andrücken und mit dem Teigroller darüberwalzen, um die Ravioli zu trennen. Die fertige Pasta auf ein bemehltes Blech geben. So fortfahren, bis die gesamte Teigmenge verbraucht ist. Die Ravioli bis zur Verwendung zugedeckt im Kühlschrank lagern.

In einem großen Topf Salzwasser aufkochen, die Hälfte der Ravioli mit einer flachen Schaufel vorsichtig vom Blech lösen und langsam ins Wasser geben. Etwa 10 Minuten knapp unter dem Siedepunkt ziehen lassen. Vor dem Herausnehmen unbedingt probieren, ob die Ränder der Ravioli gerade weich (aber noch nicht verkocht) sind. Die Ravioli mit einem Sieb oder einer Schöpfkelle vorsichtig aus dem Topf fischen.

In einer Bratpfanne Olivenöl erwärmen, die gehackten Kräuter zugeben und die Ravioli darin schwenken. Die Ravioli mit wenig frisch geriebenem Parmesan servieren.

Die andere Hälfte der Ravioli (ungekocht) auf dem Blech in den Tiefkühlschrank stellen und in einen Plastikbeutel umfüllen, sobald sie gefroren sind.

Das schmeckt auch: Die Ravioli mit Tomatensauce servieren.
Tipps: Wenn es schneller gehen muss, können auch gekaufte, frische Lasagneblätter verwendet werden. Das Weißmehl kann durch Hartweizendunst ersetzt werden, dadurch bekommt der Teig eine schöne gelbe Farbe. Wer kein Raviolibrett hat, kann auch einen Ravioliausstecher oder ein Teigrädchen verwenden. Mit einem Raviolibrett geht es aber am schnellsten, und man bekommt etwas mehr Füllung in die Ravioli.
Haltbarkeit: Die Ravioli sind tiefgekühlt 3 Monate haltbar. Noch gefroren ins kochende Wasser geben und ziehen lassen, die Kochzeit verlängert sich um 1–2 Minuten.

Bulgur-Pilaw mit Huhn

Doppelrezept: Bulgur-Pilaw mit Huhn und Bulgur-»Tätschli« (Seite 137)

Bulgur ist vorgekochter, getrockneter und anschließend geschnittener Weizen. Weil das gesamte Korn geschrotet wird, enthält er viele Nährstoffe. Außerdem macht das Power-Lebensmittel so richtig satt. Es lohnt sich, etwas mehr davon zuzubereiten, um daraus später auch noch »Tätschli« (Burger) zu machen.

Für 4 Portionen, 600–700 g des Pilaws werden später zu »Tätschli« weiterverarbeitet

3 Hühnerbrüste (ca. 400 g)
Olivenöl zum Braten
2 TL Ras el-Hanout
1 TL Kreuzkümmel
Meersalz aus der Mühle
1 Zwiebel
2 Knoblauchzehen
3 Karotten

1 Paprikaschote
400 g frische Tomaten oder Dosentomaten (Pelati)
Salz, Pfeffer aus der Mühle
400 g Bulgur
800 ml Gemüsebrühe
½–1 Limette, Saft
2 EL glatte Petersilie, fein geschnitten

Die Hühnerbrüste längs dreimal schneiden, dann in feine Scheibchen schneiden. Das Fleisch in einer Bratpfanne in Olivenöl bei großer Hitze anbraten. Mit 1 Teelöffel Ras el-Hanout und ½ Teelöffel Kreuzkümmel würzen, wenige Minuten weiterbraten, bis das Fleisch eine schöne Farbe angenommen hat. Dann aus der Pfanne nehmen, etwas frisch gemahlenes Meersalz darübergeben und warm stellen.

Zwiebel, Knoblauch, Karotten und Paprika in sehr kleine Stücke schneiden und in der Bratpfanne anbraten, die klein geschnittenen frischen oder Dosentomaten dazugeben und alles mit 1 Teelöffel Ras el-Hanout und ½ Teelöffel Kreuzkümmel sowie Salz und Pfeffer würzen. Die Hitze reduzieren und das Gemüse etwa 5 Minuten bei geschlossenem Deckel dünsten.

Danach den Bulgur in die Pfanne geben und gut umrühren. Mit der Gemüsebrühe ablöschen, aufkochen und etwa 3 Minuten kochen. Nun den Bulgur bei kleinster Hitze 10–15 Minuten zugedeckt ausquellen lassen. Das Getreide darf noch leicht Biss haben. Mit dem Limettensaft, Salz und Pfeffer abschmecken. Das Pilaw mit dem Fleisch mischen und mit der fein geschnittenen Petersilie servieren.

Das schmeckt auch: Dinkel- anstatt Weizenbulgur verwenden. Für eine sehr leckere vegetarische Variante das Fleisch weglassen und stattdessen 200 g klein geschnittenen Feta unter den fertigen Pilaw mischen.
Tipp: Brät man das Fleisch in einer Bratpfanne aus Edelstahl an, muss man es so lange auf einer Seite braten, bis es sich von der Pfanne löst. Rührt man vorher in der Pfanne, klebt das Fleisch am Pfannenboden fest.
Haltbarkeit: Der Bulgur-Pilaw ist 2 Tage im Kühlschrank haltbar.

Bulgur-»Tätschli«

Doppelrezept: Bulgur-»Tätschli« und Bulgur-Pilaw mit Huhn (Seite 135)

Diese Bulgur-»Tätschli« werden im Ofen gebacken, was ziemlich praktisch ist, weil man so alle zugleich zubereiten kann.

Für 4 Portionen

600–700 g übrig gebliebener Bulgur-Pilaw (siehe vorangehendes Rezept)
100 g Quark
2 Eigelb
1 Eiweiß
1 Prise Salz
etwas hoch erhitzbares Öl

Für den Dip
150 g Quark
1–2 EL Milch
1 Spritzer Zitronensaft
Salz, Pfeffer aus der Mühle

Für den Salat
1 Gurke
3–4 Tomaten
Olivenöl
Balsamicoessig
etwas glatte Petersilie, gehackt
Salz, Pfeffer aus der Mühle

Den Backofen auf 220 Grad Ober- und Unterhitze vorheizen. Den übrig gebliebenen Pilaw mit dem Quark und den beiden Eigelben verrühren. Das Eiweiß mit dem Salz steif schlagen und vorsichtig unter die Masse heben.

Ein Backpapier auf ein Blech legen und mit einem Löffel rundliche Bulgur-»Tätschli« daraufsetzen. Diese etwas flach drücken, einige Tropfen eines hoch erhitzbaren Öls darübergeben und die »Tätschli« im vorgeheizten Backofen ungefähr 20 Minuten goldbraun backen.

Für den Dip den Quark mit der Milch glatt rühren und mit Zitronensaft, Salz und Pfeffer abschmecken.

Für den Salat die Gurke und die Tomaten klein würfeln und mit Olivenöl, Balsamicoessig, der gehackten Petersilie, Salz und Pfeffer anmachen. Die »Tätschli« mit dem Quarkdip und dem Salat servieren.

Das schmeckt auch: Im Winter kann man die »Tätschli« anstatt mit Salat auch mit Gemüse servieren, beispielsweise mit Spinat.
Das können Kinder tun: Das Eiweiß steif schlagen und das Gemüse für den Salat würfeln.
Haltbarkeit: Der Bulgur-Pilaw hält sich im Kühlschrank 2 Tage.

Gemüse

Schwarze Nudeln mit Pilzen auf Paprikasauce

Doppelrezept: Schwarze Nudeln mit Pilzen auf Paprikasauce und Paprikasuppe mit Hähnchenspieß (Seite 142)

Dieses Gericht sieht nicht nur wunderschön aus, es lädt auch ein zu einer kulinarischen Entdeckungsreise: Wie kann man Nudeln schwarz färben? Und riecht man den Tintenfisch?

Für 4 Portionen, etwa die Hälfte der Paprikasauce wird später in eine Suppe verwandelt

5 rote Paprikaschoten
1–2 große Fleischtomaten (ca. 500 g)
2 Knoblauchzehen
Olivenöl
½ TL körnige Gemüsebrühe
Salz
2 Prisen Rohzucker
½ Zitrone, Saft
250 g Kräuterseitlinge
250 g Eierschwämme
Pfeffer aus der Mühle
400 g schwarze Nudeln
Parmesan, frisch gerieben, zum Servieren

Die Paprikaschoten mit dem Sparschäler schälen, entkernen, alle weißen Teile entfernen und die Paprika anschließend in Stücke schneiden. Die Tomaten ebenfalls zerkleinern. Die Knoblauchzehen halbieren und in Olivenöl sanft anziehen lassen. Das vorbereitete Gemüse beigeben, umrühren, etwa 3 Esslöffel Wasser und die körnige Gemüsebrühe hinzufügen, den Deckel aufsetzen und alles bei kleiner Hitze köcheln lassen, bis das Gemüse weich ist. Das Ganze zu einer sämigen Sauce pürieren, mit Salz, Rohzucker und einem Spritzer Zitronensaft abschmecken. Die Hälfte der Sauce für die Paprikasuppe (siehe folgendes Rezept) beiseitestellen.

Die Pilze sorgfältig mit einem Küchenpinsel putzen. Die Kräuterseitlinge in Scheiben schneiden, die Eierschwämme je nach Größe ganz lassen oder halbieren. Die Pilze in Olivenöl bei mittlerer Hitze unter mehrmaligem sorgfältigen Wenden braten, mit wenig Salz, Pfeffer und einigen Tropfen Zitronensaft abschmecken.

Die schwarzen Nudeln nach Packungsanleitung al dente kochen, dann abgießen und abtropfen lassen. Die Nudeln auf einen Paprikasaucen-Spiegel setzen und die gebratenen Pilze darüber verteilen. Mit frisch geriebenem Parmesan servieren.

Das können Kinder tun: Die Paprika schälen, das funktioniert genauso wie Äpfel schälen.
Das lieben Kinder: Beobachten, wie sich beim Essen das Intensivschwarz der Nudeln mit dem Leuchtendrot der Paprika-Tomaten-Sauce vermischt.
Haltbarkeit: Die Paprikasauce ist im Kühlschrank problemlos 2 Tage haltbar.

Paprikasuppe mit Hähnchenspieß

Doppelrezept: Paprikasuppe mit Hähnchenspieß und Schwarze Nudeln mit Pilzen auf Paprikasauce (Seite 140)

In diesem unkomplizierten Menü feiert die Paprikasauce ein Comeback als würzige Suppe, begleitet von einem karibisch angehauchten, top-kinderfreundlichen Hähnchenspieß.

Für 4 Portionen

3 Hühnerbrüste
4 EL Kokosraspel
3 EL mildes Currypulver, zum Beispiel Sri Lanka Curry
Salz
Erdnussöl oder neutrales Öl zum Braten
die übrig gebliebene Paprikasauce (siehe vorangehendes Rezept)
Gemüsebrühe
ca. 100 ml Rahm (Sahne)
1 TL Safranfäden
Pfeffer aus der Mühle
1 Limette, Saft

Die Hühnerbrüste waschen, trocken tupfen und in dünne Längsstreifen schneiden. Die Kokosraspel mit dem Currypulver und 1 Teelöffel Salz vermischen und die einzelnen Hühnerstreifen in der Würzmischung wenden. Die Hühnerstreifen auf Holzspieße stecken und in heißem Öl bei mittlerer Hitze beidseitig braten, bis das Fleisch durchgegart ist.

Unterdessen die restliche Paprikasauce mit Gemüsebrühe und Rahm verlängern, bis die gewünschte Konsistenz erreicht ist. Sobald die Suppe köchelt, die Safranfäden zugeben und die Suppe mit Salz und Pfeffer abschmecken. Die Spieße mit dem Limettensaft beträufeln und zur Suppe servieren.

Das schmeckt auch: Die Spieße eignen sich auch sehr gut zum Grillen; in diesem Fall Kokosraspel, Curry und Salz mit wenig Öl zu einer Marinade verarbeiten.
Haltbarkeit: Die Paprikasauce ist im Kühlschrank 2 Tage haltbar.

Apfel-Rotkohl mit Kastanien

Rotkohl ist im Winter ein ausgezeichneter Vitamin-C-Lieferant und schmeckt außerdem so gut, dass es schade wäre, wenn man ihn nur zu Wild essen würde. Hier ein einfaches Rezept für ein vegetarisches Hauptgericht.

Für 8 Portionen, die Hälfte kann tiefgekühlt werden

1 kg Rotkohl
1 große Zwiebel
1 Lorbeerblatt
Olivenöl
3 säuerliche Äpfel
150 ml Rotwein
200 ml Gemüsebrühe
1 Schuss weißer Balsamicoessig
wenig Nelkenpulver
ca. ½ TL Zimt
2 EL Honig
Salz, Pfeffer aus der Mühle
250 g tiefgekühlte Kastanien

Die äußeren Blätter des Rotkohls entfernen, den Kohl vierteln und den Strunk entfernen, den Rest in feine Streifen schneiden. Die Zwiebel hacken und mit dem Lorbeerblatt in einem großen Topf in Olivenöl anschwitzen. Den Rotkohl in den Topf geben und gut umrühren. Die Äpfel schälen, entkernen, in grobe Stücke schneiden und unter den Rotkohl heben. Mit dem Rotwein ablöschen und diesen etwa zur Hälfte verdampfen lassen.

Die Gemüsebrühe zugeben. Mit dem Balsamicoessig, Nelkenpulver, Zimt, Honig, Salz und Pfeffer würzen und bei kleinster Hitze unter gelegentlichem Rühren etwa 45 Minuten köcheln lassen. Während der letzten 10 Minuten die tiefgekühlten Kastanien mitköcheln lassen. Den Rotkohl abschmecken. Dazu passen Spätzle oder Knöpfle am besten.

Das schmeckt auch: Birnen anstatt Äpfel verwenden. Diese leckere Variante braucht etwas mehr Balsamicoessig, weil die Birnen kaum Säure mitbringen.
Haltbarkeit: Weil Rotkohl zu den Gemüsen gehört, die geschmacklich noch zulegen, wenn man sie wieder aufwärmt, ist er sehr gut zum Einfrieren geeignet. Rotkohl hält sich 2 Monate im Gefrierfach. Über Nacht oder einige Stunden im Voraus im Kühlschrank auftauen.

Artischocken mit Eier-Vinaigrette

Doppelrezept: Artischocken mit Eier-Vinaigrette und Frittata mit Artischocken (Seite 148)

Kinder sind durchaus für kulinarische Entdeckungsreisen zu haben. Jedenfalls wenn das bedeutet, dass man die Blätter einer seltsamen, blumenähnlichen Pflanze einzeln abreißen, in eine leckere Sauce tauchen, auslutschen und danach in eine Schüssel in der Mitte des Tischs pfeffern kann. Wichtig auch: Jeder bekommt sein eigenes Schälchen Vinaigrette.

Für 4 Portionen, etwa 2 Artischocken landen später in der Artischocken-Frittata

6 große Artischocken oder entsprechend mehr kleine
8 EL Olivenöl
4 EL Rapsöl
3 EL weißer Balsamicoessig
3 EL Rotweinessig
2 hart gekochte Eier
1 Schalotte
Kräuter nach Belieben, zum Beispiel Schnittlauch, Petersilie oder Liebstöckel
Salz, Pfeffer aus der Mühle

Die Stiele der Artischocken abschneiden, sodass die Artischocken später auf einen Teller gesetzt werden können. Die Artischocken in einen großen Topf mit Wasser legen und so lange kochen, bis man mit einem kleinen Küchenmesser relativ leicht durch sie hindurch stechen kann. Das dauert je nach Größe 20–30 Minuten.

Unterdessen aus Olivenöl, Rapsöl, weißem Balsamicoessig und Rotweinessig eine Vinaigrette zubereiten. Die hart gekochten Eier schälen und klein schneiden, die Schalotte und die Kräuter ebenfalls klein schneiden und alles zur Sauce geben (oder, falls Zwiebelhasser mitessen, die Schalotte separat auf den Tisch stellen). Die Vinaigrette mit Salz und Pfeffer abschmecken.

Je 1 Artischocke auf einen Teller legen. Die äußeren Blätter nacheinander abreißen, jeweils etwas Vinaigrette mit einem Blatt aufladen und den essbaren, unteren Teil des Blatts auslutschen. Die inneren, dünneren Blätter zusammen mit dem sogenannten Heu wegschneiden. Der Artischockenboden ist dann wieder essbar.

Das schmeckt auch: Mayonnaise mit Quark verrühren und mit frischen Kräutern oder Safran würzen und als Dip zu den Artischocken servieren.
Das können Kinder tun: Die Eier durch den Eierschneider treiben.
Haltbarkeit: Artischocken lassen sich in einem verschlossenen Behälter 2 Tage im Kühlschrank aufbewahren.

Frittata mit Artischocken

Doppelrezept: Frittata mit Artischocken und Artischocken mit Eier-Vinaigrette (Seite 146)

Eine Frittata ist ein einfaches italienisches Eiergericht, das man in Spanien Tortilla nennen würde. Man kann sie mit Gemüseresten, gekochten Kartoffeln, Nudeln oder Reis zubereiten. Hier eine Version mit Artischocken.

Für 4 Portionen

1–2 übrig gebliebene Artischocken bzw. -böden (siehe vorangehendes Rezept)
6 Eier
3 EL Milch
1 EL Parmesan, frisch gerieben
Salz, Pfeffer aus der Mühle
1 Knoblauchzehe
Olivenöl
1 Handvoll tiefgekühlte Erbsen
frische Kräuter, zum Beispiel Liebstöckel, Pfefferminze, Basilikum, Schnittlauch
   oder Petersilie, fein gehackt

Die Blätter der übrig gebliebenen Artischocken mit einem scharfen Messer etwa 1 cm über dem Boden abschneiden. Das Heu, falls vorhanden, mit einem Löffel entfernen. Die Böden dreimal durchschneiden, sodass je 6 Dreiecke entstehen.
   Die Eier mit der Milch und dem frisch geriebenen Parmesan verquirlen und mit Salz und Pfeffer abschmecken. Den Knoblauch in Scheiben schneiden. Etwa 3 Esslöffel Olivenöl in einer beschichteten Bratpfanne erhitzen und den Knoblauch darin kurz anziehen lassen. Die Artischocken dazugeben, umrühren.
   Die Erbsen und die fein gehackten Kräuter dazugeben, einige Kräuter zum Anrichten zurückbehalten. Nun sofort die Eimasse über das Gemüse gießen und die Frittata bei kleinster Hitze langsam stocken lassen. Das dauert 30–40 Minuten. Wenn die Eimasse fest ist, die Frittata auf einen Teller stürzen, wenig Olivenöl darüberträufeln, die restlichen Kräuter darübergeben und die Frittata lauwarm mit einem Salat servieren.

Das schmeckt auch: Zucchinischeiben und Basilikum anstelle von Artischocken verwenden. Oder Tomaten, fein geschnittene Paprika und gekochte, in Scheiben geschnittene Kartoffeln. Oder Spinat und Schinken. Anstatt Parmesan kann man auch fein geriebenen Ziegenkäse verwenden. Reichhaltiger wird das Gericht, wenn man gekochten Reis oder gekochte Pasta mitkocht.
Tipp: Etwas schneller geht es (nämlich nur etwa 25 Minuten), wenn man die Frittata in einer Auflaufform im auf 180 Grad vorgeheizten Ofen backt.
Das lieben Kinder: Die Artischocken auf die eine Seite der Bratpfanne schieben und die Erbsen in die andere Hälfte der Pfanne rieseln lassen.
Haltbarkeit: Artischocken kann man 2 Tage im Kühlschrank aufbewahren.

Rülpsen, meckern, kleckern: das Familienessen

Auch wenn das gemeinsame Essen zwischendurch ganz schön anstrengend ist, lohnen tut es sich auf jeden Fall: Der Kulturwissenschaftler Walter Leimgruber ist überzeugt, dass Kinder beim Essen viel mehr als den richtigen Umgang mit Messer und Gabel lernen. Zum Beispiel Rücksichtnahme und Selbstkontrolle.

Walter Leimgruber, Sie sind Vater von zwei Kindern – wenn Sie an Ihr letztes Familienessen denken, was fällt Ihnen als Kulturwissenschaftler dazu ein?
Walter Leimgruber: Unsere Kinder sind schon siebzehn und einundzwanzig Jahre alt, aber die Rollenverteilung ist die alte geblieben: Die Kinder wollen immer noch bedient werden. Tischmanieren sind dagegen kein Thema mehr, außer wenn mein Sohn mich zurechtweisen muss, weil sich meine Herkunft in bäurischen Tischmanieren bemerkbar macht.

Warum hat Essen für Familien eine so zentrale Bedeutung?
Das Familienessen erfüllt gleichzeitig physiologische, kulturelle und soziale Bedürfnisse. Man tut nichts anderes als sitzen, essen und miteinander reden, man ist auf sich selbst und die anwesenden Menschen konzentriert. Die wichtigen Fragen – von schlechten Noten bis hin zu Ferienplänen – werden in praktisch allen Familien beim Essen diskutiert.

Das Familienessen als sozialer Kitt, stimmt diese Vorstellung tatsächlich noch? Wenn der Vater eine Sitzung und die Tochter Handballtraining hat, wird doch eher nacheinander als miteinander gegessen.
In der Schweiz hat das gemeinsame Familienessen nach wie vor eine große Bedeutung. Die meisten Familien halten an diesem Grundkonzept fest, auch wenn sie viele Ausnahmen machen müssen.

Es gibt Studien, die behaupten, dass Kinder, die regelmäßig mit ihren Eltern essen, gesünder sind, bessere Noten haben und später weniger Drogen konsumieren. Gemeinsame Mahlzeiten als Schlüssel zu einer perfekten Kindheit, das scheint mir aber doch eine etwas überzogene Vorstellung zu sein.
An der Art und Weise, wie eine Familie isst, kann man ablesen, wie sie insgesamt funktioniert. Hat das Essen eine zentrale Funktion in einer Familie, kann man davon ausgehen, dass es auch in anderen Belangen Strukturen gibt, die Orientierung schaffen. Das Fehlen solcher Strukturen kann ein Alarmzeichen sein: Britische Sozialarbeiter haben festgestellt, dass ein Großteil der Jugendlichen, mit denen sie arbeiten, aus Familien kommt, in denen weder gekocht noch zusammen gegessen wird.

Wenn wir ehrlich sind, bedeuten gemeinsame Mahlzeiten in der Regel, dass die Kinder am Essen herumnörgeln, und anstatt eines erfreulichen Tischgesprächs entwickelt sich oft bloß ein nerviger Geschwisterstreit. Wird da nicht einfach der Mythos des idyllischen Familienessens heraufbeschworen?
Essen mit Kindern ist keineswegs immer ein Vergnügen. Aber genau darum geht es ja:

Man muss einen Umgang mit Stresssituationen finden, damit man als Familie funktionieren kann. Bei uns gab es zum Beispiel immer die Regel, dass die Kinder essen, was auf dem Tisch steht. Wenn sie das Essen nicht mochten, durften sie sich ein Butterbrot streichen, aber Extrawürste haben wir nie gekocht. So muss jede Familie ihre eigenen Regeln aufstellen und durchsetzen.

Als Mutter habe ich den Eindruck, dass ich während des Essens permanent mit der Erziehung meiner Kinder beschäftigt bin. Ich muss sie ständig ermahnen, nicht mit vollem Mund zu reden und einigermaßen anständig am Tisch zu sitzen. Ist das normal?

Auf jeden Fall. Es braucht viel Zeit, Aufwand und Energie, bis Kinder gelernt haben, wie man sich sozial verhält. Aber sie kommen nicht um diesen Lernprozess herum, weil sie später nur als soziale Wesen in einer Gemeinschaft funktionieren und ihre persönlichen Ziele erreichen können.

> Heute muss nicht mehr jeder wissen, wie man einen Hummer knackt.

Der Soziologe Norbert Elias hat aufgezeigt, dass die Verfeinerung der Umgangsformen mit einer zunehmenden emotionalen Selbstkontrolle einherging. Er hat dies am Gebrauch von Messer und Gabel dargelegt. Durchlaufen unsere Kinder diesen Lernprozess, den unsere Gesellschaft über Jahrhunderte durchmachte, sozusagen im Zeitraffer?

Es ist einleuchtend, dass die äußerliche und innerliche Entwicklung eines Menschen miteinander verbunden sind: Es dauerte viele Jahrhunderte, bis die Menschen gelernt hatten, dass man weder aus Liebe noch aus Hass über seinen Nachbarn herfallen darf. Sie mussten erst Selbstkontrolle, Empathie und ein Bewusstsein für die Konsequenzen entwickeln. Denselben Lernprozess machen auch Kinder durch: Wenn ein Kind noch sehr klein ist und Hunger hat, dann will es nur eines, nämlich dieses Bedürfnis befriedigen und essen. Sofort. Erst nach und nach lernt es, dass es nicht jedes Mal Süßigkeiten gibt, wenn es Lust darauf hat, dass man Wünsche manchmal zurückstellen und Rücksicht nehmen muss.

Kinder lernen also tatsächlich, ihre Gefühle zu kontrollieren, indem sie den richtigen Gebrauch von Messer und Gabel erlernen?

Ja, sie lernen, dass sie sich auf eine gewisse Art verhalten müssen, um etwas Bestimmtes zu erreichen, in diesem Fall, satt zu werden. Diese Erkenntnis lässt sich auf andere Bereiche des Lebens übertragen. Es reicht nicht, einfach viel Geld verdienen zu wollen – man muss zuerst eine gute Ausbildung machen und sich nachher im Beruf bewähren. Oder man muss eben anständig essen, um als Teil der Gesellschaft anerkannt zu werden.

Muss ich meinem Kind beibringen, wie man ein Fischmesser benutzt, um seine Chancen in der Gesellschaft zu erhöhen?

Heute muss nicht mehr jeder wissen, wie man einen Hummer knackt. Aber grundsätzliche Kenntnisse, etwa wie man einen Fisch isst, sind bestimmt irgendwann mal nützlich, auch wenn es bloß in den Ferien ist.

Wie haben sich Tischmanieren im Laufe der Zeit verändert?

Regeln spiegeln immer den Wandel der Gesellschaft. Bis ins Mittelalter aßen vom Bauern bis zum König alle gleich unanständig, jedenfalls aus heutiger Sicht. Man schaufelte das Essen mit den Händen oder einem Löffel in den Mund, häufig aus einer gemeinsamen Schüssel. In der frühen Neuzeit begann der Adel Wert auf feinere Tischmanieren zu legen. Ende des 18. Jahrhunderts wurden diese dann auch für das aufstrebende Bürgertum wichtig. Nach dem damaligen Rollenverständnis befahl der Vater, die Mutter bediente, und alle anderen hatten zu gehorchen. Noch in meiner Kindheit war das nicht viel anders: Man aß jeden Tag um 12.30 Uhr zu Mittag, damit der Vater die Radionachrichten hören konnte. Die Kinder mussten ruhig sein. Wer nicht folgte, bekam eine Ohrfeige.

Das hat sich gründlich verändert: Heute dominieren die Kinder das Tischgespräch.

Ja, wir geben Kindern viel Raum, weil wir möchten, dass sie sich entfalten können. Ich finde es aber genauso falsch, wenn Eltern am Tisch nicht mehr zu Wort kommen wie wenn Kinder schweigen müssen. Man muss einen Mittelweg finden. Heute muss jede Familie ihre eigenen Regeln definieren, weil es keine allgemeingültigen Normen mehr gibt. Das führt dazu, dass in manchen Familien gar nichts mehr definiert wird.

Gemäss einer aktuellen Studie fangen in 80% der Schweizer Haushalte alle gleichzeitig mit Essen an. Und in nur 4% der Haushalte läuft der Fernseher während des Essens. Das ist doch vorbildlich, oder?

Das klingt in der Tat gut. Bei solchen Umfragen muss man allerdings bedenken, dass die Befragten dazu tendieren, das zu sagen, was gesellschaftlich erwünscht ist. Trotzdem gehe ich davon aus, dass die Tendenz stimmt.

Und warum übt Fastfood eine so grosse Anziehungskraft auf Jugendliche aus? Weil sie das kultivierte Familienessen irgendwann gründlich satt haben?

Jede Erziehung besteht darin, dass Eltern gewisse Regeln aufstellen und Kinder diese Regeln zu durchbrechen versuchen, weil sie die Grenzen ausloten wollen. Weil das Essen und die damit verbundenen Normen so wichtig sind, ist auch die Lust, sie umzustossen, sehr gross. Da dies zu Hause meistens nicht gelingt, tun es die Jugendlichen eben bei McDonald's. Dort dürfen sie lustvoll wie Kleinkinder mit den Händen essen. Und sie müssen sich an keine Regeln halten: Man kann drinnen oder draussen, im Stehen oder Gehen essen, ganz wie es einem beliebt. Das ist der Reiz, der Fastfood ausmacht. Es ist normal, dass sich Jugendliche davon angezogen fühlen. Wenn sie im Elternhaus mitbekommen haben, was gesunde Ernährung und gute Tischkultur bedeuten, wird sich das wieder einpendeln.

Ist Fastfood eigentlich eine Erfindung unserer Zeit?

Das ambulante Essen hat es schon immer gegeben, etwa auf dem Jahrmarkt, auf Reisen oder während der Arbeit. Das Neue an Fastfood im heutigen Sinne ist die absolut fliessbandmässige Produktion und Zubereitung des Essens. Mit der Normierung wurde die Produktion von Essen schnell, effizient und günstig. Auch ein ungelernter Mitarbeiter begreift in kürzester Zeit, wie man einen Hamburger brät. Aber ob es wirklich sinnvoll ist, etwas so Wichtiges wie das Essen vollständig den Gesetzen der Effizienz zu unterwerfen, darüber muss man sich schon Gedanken machen.

Heute essen viele Kinder in der Tagesschule, und am Abend stellen die Eltern Fastfood und Convenience-Produkte auf den Tisch. Gibt es eine Krise des Kochens?

In sozial schwächeren Familien wird tatsächlich weniger gekocht. Menschen, die in Schwierigkeiten stecken, schaffen diesen Kraftakt schlicht nicht mehr. Problematisch daran ist auch, dass Kinder das Kochen gar nicht mehr erst lernen. In vielen Schweizer Kantonen wurde der Kochunterricht in der Schule ja abgeschafft.

Dafür flimmern jetzt massenhaft Kochsendungen über den Bildschirm.

Ja, aber Kochen lernt man nicht über mediale Vermittlung. Ich bin überzeugt, dass wir derzeit eine grosse Chance vergeben: Das Angebot an Tagesschulen wird laufend ausgebaut, warum beziehen wir die Schüler bei der Zubereitung der Schülermahlzeiten nicht ein? So würden Kinder mehr über gesunde Ernährung lernen, als jede Ernährungskampagne vermitteln kann.

Auch wenn heute weniger gekocht wird – das Kochen wurde noch nie so sehr inszeniert. Wir lieben Kochsen-

> Bei McDonald's dürfen Jugendliche lustvoll wie Kleinkinder mit den Händen essen. Und sie müssen sich an keine Regeln halten.

dungen, opulente Kochbücher und teure Küchenmaschinen. Wie erklären Sie sich das?

Wir kochen heute insgesamt weniger und flexibler. Nur deswegen konnte Kochen zur Freizeitbeschäftigung werden. Meiner Mutter, die mindestens zweimal am Tag Essen zubereitet hat, wäre es nie in den Sinn gekommen, dass diese Tätigkeit ein Hobby sein könnte. Wir erleben gerade den Übergang vom Versorgungs- zum Genusskochen, vom Zwang zum Genuss, vom Alltag zum Weekendvergnügen.

Das gilt vielleicht für kinderlose Paare, nicht aber für Familien.

Ja, in der Familie hat die Versorgungsküche bis heute überlebt. Ich kenne zwar auch Eltern, die jeden Tag lustvoll kochen und sogar das Brot selbst backen. Aber das sind wohl Ausnahmen. Im Normalfall ist das Kochen entweder Pflicht oder Kür.

Gibt es Kulturen, in denen die Väter für die Versorgungsküche zuständig sind?

In den heute existierenden Kulturen ist die Versorgungsküche fest in Frauenhand. Das Kochen wird dann zur Männersache, wenn es professionalisiert oder als Show inszeniert ist. Bei uns stehen Väter gerne am Herd oder noch lieber am Grill, wenn Gäste kommen. So demonstrieren sie, dass sie zu Hause Verantwortung übernehmen.

Eines der am häufigsten zitierten Bonmots im Zusammenhang mit Essen ist »Liebe geht durch den Magen«. Gilt selbst zubereitetes Essen in heutigen Familien immer noch als Liebesbeweis?

In Asien würde es kaum einer Mutter einfallen, selbst für ihre Familie zu kochen, wenn sie sich eine Hausangestellte leisten kann, die das übernimmt. Auch in unserer Kultur bekam das selbst Kochen seine Bedeutung erst mit der bürgerlichen Gesellschaft und dem damit verbundenen Rollenverständnis: Der Mann verdient das Geld, und die Frau ist für den Haushalt zuständig, also auch für die Essenszubereitung. Ich bin deshalb skeptisch, wenn man das Kochen zum Liebesbeweis stilisiert, denn damit sagt man implizit meist auch, dass Frauen an den Herd gehören. Andererseits ist es natürlich schon ein Zeichen des Respekts und der Liebe gegenüber den Essenden, wenn jemand freiwillig und gerne einen Hackbraten in den Ofen schiebt. Denn beim Kochen stehen Aufwand und Ertrag in keinem Verhältnis zueinander, man braucht viel Zeit, um etwas herzustellen, was in kürzester Zeit verschlungen wird.

Was haben Kinder eigentlich gegessen, bevor Nudeln auf unserem Speiseplan standen?

(lacht) Sie aßen, was auf den Tisch kam. Im Mittelalter waren das vor allem Brei- und Mussspeisen. Das hat gut gefüllt, war aber vom Nährwert her nicht immer ideal. Je nach Region ernährte man sich eher von Getreide oder von Milchprodukten. Fleisch gab es nur selten. Einseitige Ernährung und die daraus resultierenden Mangelerscheinungen waren bei Kindern bis in die Zwischenkriegszeit verbreitet. Mit den Kartoffeln und weiteren Neuerungen wie Mais oder Reis, aber auch mit zunehmendem Ernährungswissen und neuen Konservierungsmethoden von Einmachen bis Tiefkühlen verbesserte sich die Situation.

Heute spielt gesundes Essen in vielen Familien eine sehr große Rolle. Versucht sich die Mittelschicht mit ungeschälten Biokarotten von jenen abzusetzen, die sich diesen Luxus nicht leisten können?

Dass dieses Thema so wichtig ist, spiegelt unsere Unsicherheit in Bezug auf unser Essen wider. Und die ist durchaus berechtigt, denn viele unserer Nahrungsmittel werden unter unökologischen Bedingungen produziert und sind alles andere als gesund. Ich finde es wichtig, dass wir mit unseren Kindern über die Vor- und Nachteile verschiedener Nah-

> *Andererseits ist es natürlich schon ein Zeichen des Respekts und der Liebe gegenüber den Essenden, wenn jemand freiwillig und gerne einen Hackbraten in den Ofen schiebt.*

rungsmittel und über die damit verbundenen Gesundheits- und Umweltfragen sprechen. Aber: Nie ein Hamburger, nie etwas Süßes, das wird uns auch nicht gerecht. Auch Erwachsene sind ja nicht konsequent, sie trinken beispielsweise mal ein Glas Wein zu viel. Der Mensch funktioniert nicht wie eine perfekte Maschine.

In jüngster Zeit wurden rund 12 000 sogenannte Kinderlebensmittel erfunden. Die meisten sind süß, fettig und ungesund. Warum sind sie trotzdem so erfolgreich?
Gerade weil sie süß, fettig und ungesund sind. Kinder mögen das. Ich bin der Meinung, dass man diese vollkommen unnötigen Produkte verbieten sollte. Warum jagt man den Eltern mit moralischen Gesundheitskampagnen ein schlechtes Gewissen ein und toleriert gleichzeitig Werbung für Kinderlebensmittel? Hier lügt sich unsere Gesellschaft selbst an. Die Firmen dürfen profitieren, die Eltern sind die Geplagten, und die Gesellschaft trägt die Gesundheitskosten.

Walter Leimgruber ist Professor und Leiter des Seminars für Kulturwissenschaft und Europäische Ethnologie an der Universität Basel. Er war als Ausstellungsmacher und Journalist tätig und hat sich verschiedentlich mit der Kultur des Essens auseinandergesetzt.

Patisson mit Pilzen

Doppelrezept: Patisson mit Pilzen und Pilz-Schnitten (Seite 159)

Wenn ich auf dem Markt Pilze kaufe, bitte ich die Pilzverkäuferin jeweils, mir von jeder Sorte ein paar Exemplare in eine Tüte zu packen. Wenn die seltsamen Dinger dann zu Hause auf das Schneidebrett kullern, werden sie genauestens studiert: »Ist das wiiiiirklich ein Pilz??!«, »Oh!! Der sieht ja aus wie eine Qualle!!!«

Für 4 Portionen, etwa ein Drittel des Gerichts wird für die Pilz-Schnitten verwendet

6 junge Patisson (kleine Kürbissorte)
  à 12 cm Durchmesser
  (oder entsprechend mehr kleinere)
Salz
3 Frühlingszwiebeln
600 g Champignons
600 g gemischte Pilze
Olivenöl
100 ml Weißwein
300 ml Rahm (Sahne)
Pfeffer aus der Mühle
Butter für die Form und zum Bestreuen
etwas frisch geriebener Parmesan
frischer Thymian, Blättchen abgezupft

Den obersten Teil der Patissons wegschneiden und die kleinen Kürbisse mitsamt der »Deckel« in Salzwasser oder im Dampf knapp weich kochen. Unterdessen die Frühlingszwiebeln fein schneiden, die Champignons putzen und feucht abreiben. Die restlichen Pilze nur putzen und säubern und je nach Größe ganz lassen, halbieren oder in Scheiben schneiden. Den Knoblauch hacken.

Den Backofen auf 200 Grad Ober- und Unterhitze vorheizen. Die Frühlingszwiebeln in Olivenöl hellgelb anziehen lassen, die Pilze und den Knoblauch dazugeben, nach einigen Minuten mit Weißwein ablöschen, den Wein verdampfen lassen. Danach den Rahm beifügen und die Pilzsauce etwa 10 Minuten einköcheln lassen. Erst gegen Ende der Kochzeit mit Salz und Pfeffer abschmecken, damit die Pilze saftig bleiben.

Wenn man mit einem Messer durch das Fleisch der Patissons stechen kann, diese aus dem Topf nehmen und etwas abkühlen lassen. Die Kerne mit einem Löffel herausschaben. Die Patissons in eine gebutterte Gratinform legen und innen salzen. Die Pilzsauce einfüllen, den Rest über die Kürbisse geben. Mit Parmesan bestreuen, die Butterflocken darauf verteilen. Patisson-Deckel aufsetzen. Bei 200 Grad etwa 20 Minuten überbacken. Mit Thymian bestreut servieren. Dazu passen Nudeln oder Wildreis.

Das schmeckt auch: Kohlrabi anstatt Patisson verwenden. In diesem Fall die Kohlrabi schälen und aushöhlen, das Fruchtfleisch kann man entweder in die Pilzsauce geben oder für ein Süppchen beiseitestellen.
Tipp: Junge, kleine Patissons, deren Schale noch mit dem Daumennagel eingedrückt werden kann, müssen nicht geschält werden.
Das können Kinder tun: Die Pilze bestaunen und mit einem Pinsel säubern.
Haltbarkeit: Das Pilzgericht lässt sich im Kühlschrank problemlos 2 Tage aufbewahren. Beim Aufwärmen kurz aufkochen.

Pilz-Schnitten

Doppelrezept: Pilz-Schnitten und Patisson mit Pilzen (Seite 156)

Die Kombination von knusprigem Brot und Pilz-Rahm-Sauce ist unwiderstehlich. Das findet zumindest die eine Hälfte unserer Familie. Die andere Hälfte schwört darauf, das »harte« Brot so lange in der Sauce einzuweichen, bis es richtig schön weich ist.

Für 4 Portionen

8 Scheiben dunkles, nach Belieben auch helles Brot oder Toastbrot
die übrig gebliebenen Patissons mit Pilzsauce (siehe vorangehendes Rezept)
ca. 200 ml Halbrahm (Sahne)
Salz, Pfeffer aus der Mühle
frische Kräuter, zum Beispiel Schnittlauch oder Thymian

Die Brotscheiben im Backofen goldgelb toasten. Die Reste des Patissons möglichst klein würfeln und mit der Pilzsauce in einen Topf geben. So viel Halbrahm zugeben, bis die Sauce die gewünschte Menge und Konsistenz erreicht hat. 2–3 Minuten köcheln lassen. Mit Salz und Pfeffer abschmecken. Die Sauce über das Brot geben und die Schnitten mit den frischen Kräutern bestreuen.

Das schmeckt auch: Anstatt Halbrahm sauren Halbrahm verwenden.
Das können Kinder tun: Das Brot während des Toastens überwachen. Die Pilzsauce auf die Toastscheiben geben.
Haltbarkeit: Werden Pilzgerichte nach dem Essen in den Kühlschrank gestellt, können sie dort problemlos 2 Tage aufbewahrt und danach noch einmal aufgewärmt werden. Beim Aufwärmen kurz aufkochen. Der Mythos, dass man Pilze nicht aufwärmen darf, geht auf die Zeit zurück, als Kühlschränke noch nicht zur Grundausstattung einer Küche gehörten.

Karotteneintopf mit Schweinsbratwurst

Als wir letzten Herbst im Tessin in den Ferien waren, deckten wir uns in unserer Lieblingsmetzgerei mit Luganighette ein, den berühmten Tessiner Schweinsbratwürsten. Ein paar landeten in diesem aromatischen Karotteneintopf, der sich problemlos einfrieren lässt.

Für 8 Portionen, die Hälfte kommt in den Tiefkühlschrank

1 Zwiebel
Olivenöl
600 g Karotten
1 kleiner Knollensellerie
400 g Dosentomaten (Pelati)
Gemüsebrühe
1–2 Msp. Cayennepfeffer
4 Schweinsbratwürste (z. B. Tessiner Luganighette)
1 Dose Kichererbsen

Die Zwiebel fein hacken und in einem Topf in Olivenöl sanft anziehen lassen. Die Karotten in kleine Würfel schneiden, den Sellerie klein schneiden und zu der Zwiebel geben. Unter Rühren etwas anbraten. Mit den Tomaten ablöschen.
So viel Gemüsebrühe dazugeben, bis das Gemüse bedeckt ist. Mit gerade so viel Cayennepfeffer würzen, dass es noch der ganzen Familie schmeckt. Etwa 15 Minuten sanft köcheln lassen.
   Die Bratwürste in 2 cm lange Stücke schneiden, zu dem Gemüse geben und weitere 10 Minuten köcheln lassen. Die Kichererbsen abgießen, unter kaltem Wasser abspülen, abtropfen lassen und ebenfalls zu dem Gemüse geben. Das Ganze weitere 10 Minuten köcheln lassen. Damit der Eintopf etwas dickflüssiger wird, etwa 3 Schöpfkellen Gemüse (ohne Wurst) pürieren und zurück in den Eintopf geben. Abschmecken. Essen Sie, so viel Sie mögen, mit frischem Brot – und frieren Sie den Rest ein.

Das schmeckt auch: Getrocknete Kichererbsen über Nacht einweichen und gemäß Packungsanleitung weich kochen. Überschüssige Kichererbsen können in etwas Kochwasser eingefroren und später für eine Suppe oder für Hummus verwendet werden.
Das können Kinder tun: Schnippeldienst.
Haltbarkeit: Der Eintopf ist in einem Gefrierbeutel oder einer Gefrierbox verpackt 2 Monate haltbar. Im Kühlschrank an- oder auftauen lassen.

Gefüllte Zucchini

Doppelrezept: Gefüllte Zucchini und Zucchini-Farfalle Ras el-Hanout (Seite 164)

Der Name der marokkanischen Gewürzmischung Ras el-Hanout bedeutet übersetzt »Chef des Ladens«, denn nur dieser persönlich kann die komplizierte Mischung aus rund 25 verschiedenen Gewürzen herstellen. Das herrliche Gewürzbouquet duftet nach Zimt und ist nicht scharf, weshalb es auch bei Kindern gut ankommt. Es verleiht mediterranen Klassikern wie gefüllten Gemüsen eine neue Note.

Für 4 Portionen, ein Viertel bis ein Drittel des Gerichts wird später für die Farfalle Ras el-Hanout verwendet

1 Handvoll Pinienkerne
400 g gemischtes Hackfleisch
Olivenöl zum Braten
1 Zwiebel
2 Knoblauchzehen
3–4 größere Zucchini, insgesamt etwa 1–1,2 kg

3–4 TL Ras el-Hanout
½ Bund glatte Petersilie, fein gehackt
Salz und Pfeffer, beides aus der Mühle
250 g Cherrytomaten
etwas Parmesan, frisch gerieben
Butter in Flöckchen
200 ml Gemüsebrühe

Den Backofen auf 220 Grad vorheizen. Die Pinienkerne in einer beschichteten Bratpfanne ohne Fett goldgelb braten, beiseitestellen. Das Hackfleisch in Olivenöl kräftig anbraten, aus der Pfanne nehmen und beiseitestellen.

Die Zwiebel grob hacken, den Knoblauch in Scheiben schneiden. Die Zwiebel in Olivenöl sanft anschwitzen, den Knoblauch zugeben.

Die Zucchini halbieren, mit einem Löffel etwas Fruchtfleisch herausnehmen, dieses hacken und ebenfalls in die Pfanne geben. Nach wenigen Minuten das angebratene Hackfleisch zurück in die Pfanne geben und die Pinienkerne unterrühren. Die Mischung mit Ras el-Hanout, der fein gehackten Petersilie sowie Salz und Pfeffer würzen, alles gut mischen und die Pfanne vom Herd ziehen.

Die Zucchinihälften mit etwas frisch gemahlenem Salz bestreuen und in einer großen Gratinform anordnen, die Cherrytomaten dazwischenlegen. Die Zucchini mit der Hackfleischfüllung füllen, mit frisch geriebenem Parmesan bestreuen und mit Butterflocken belegen. Die gefüllten Zucchini mit Gemüsebrühe beträufeln und den Rest der Gemüsebrühe in die Gratinform gießen.

Die Zucchini in der oberen Hälfte des vorgeheizten Backofens 25–35 Minuten überbacken. Dazu passt Basmatireis oder Couscous.

Tipp: Zum Füllen eignen sich etwas größere Zucchini besser als kleine, man findet sie auf dem Gemüsemarkt. Oder im eigenen Garten.
Das lieben Kinder: Falls Ihre Kinder lieber Paprika oder Tomaten mögen – kein Problem, seien Sie flexibel.
Haltbarkeit: Gefüllte Zucchini lassen sich 2 Tage im Kühlschrank aufbewahren.

Zucchini-Farfalle Ras el-Hanout

Doppelrezept: Zucchini-Farfalle Ras el-Hanout und Gefüllte Zucchini (Seite 162)

Gefüllte Gemüse lassen sich blitzschnell in eine gesunde Pastasauce verwandeln. Eine nette Abwechslung zur Tomatensauce.

Für 4 Portionen

die übrig gebliebenen gefüllten Zucchini (siehe vorangehendes Rezept)
500 g Farfalle oder andere kurze Nudeln
frisch gehobelter Parmesan zum Servieren

Die gefüllten Zucchini grob hacken und in einem Topf mit der übrig gebliebenen Gemüsebrühe aus der Gratinform und den restlichen gebackenen Cherrytomaten erwärmen.

Unterdessen die Farfalle nach Packungsanleitung al dente kochen, dann abgießen und abtropfen lassen. Die Farfalle mit dem Gemüse vermischen und mit frisch gehobeltem Parmesan servieren.

Das schmeckt auch: Die Farfalle zur Hälfte durch Vollkornnudeln ersetzen.
Das lieben Erwachsene: Die Pasta mit einem weichen Ziegenkäse anstatt mit Parmesan servieren.
Haltbarkeit: Die gefüllten Zucchini sind problemlos 2 Tage im Kühlschrank haltbar.

Küchenexperiment: Ketchup

Zuerst die schlechte Nachricht: In einer Halbliterflasche Heinz-Ketchup stecken 28 Stück Würfelzucker, das sind fast eineinhalb pro Esslöffel. Unverständlich, dass man Ketchup in den USA dereinst offiziell zum Gemüse erheben wollte. Dieser Schachzug hätte es den öffentlichen Schulkantinen erlaubt, ihren Schülern anstatt einer Gemüsebeilage einen Klacks billiger Industriesauce vorzusetzen. Und nun die gute Nachricht: Dieses selbst gemachte Ketchup wird bloß mit wenig Rohzucker und Honig gesüßt. Aber es schmeckt so gut, dass Kinder nie auf die Idee kämen, dass es sich hier um eine richtige Gemüsebeilage handelt.

Ergibt etwa 1 Liter fertiges Ketchup

3 kg vollreife Tomaten (z. B. Roma, San Marzano oder Ochsenherz)
2 Zwiebeln
2 Knoblauchzehen
2 rote Paprikaschoten
1 Stück Knollensellerie
etwa 3 cm frischer Ingwer
1 Lorbeerblatt
5 Pfefferkörner
2 Gewürznelken
1 kleiner Rosmarinzweig
einige Thymianzweige
2½ TL Salz
2 EL Rohzucker
1 EL Honig
60 ml Weißweinessig

Außerdem
ein Tee-Ei oder ein Gewürzsäckchen
Gläser mit Schraubdeckel, zum Beispiel 7 Gläser à 150 ml Fassungsvermögen

Die Jungköche schneiden die Tomaten in Stücke und drücken sie in einem Sieb etwas aus, damit möglichst viel Wasser abfließt. Die Zwiebeln und den Knoblauch hacken, die Paprikaschoten von den Kernen und den weißen Trennhäuten befreien und ebenfalls klein schneiden. Den Sellerie und den Ingwer nur schälen, aber nicht zerkleinern.

Alles zusammen mit dem Lorbeerblatt in einem hohen Topf zum Kochen bringen. Pfefferkörner, Nelken, Rosmarin und Thymian in ein Tee-Ei oder ein Gewürzsäckchen geben und dieses ebenfalls in den Topf geben. Das Ganze etwa 30 Minuten köcheln lassen.

Jetzt dürfen die Kinder das Tee-Ei oder den Gewürzbeutel, den Ingwer und Sellerie sowie das Lorbeerblatt in dem Topf suchen und herausfischen – nichts vergessen, sonst kommt das Aroma aus der Balance! Nun wird das Tomatenketchup püriert und anschließend durch ein Sieb gestrichen (1). Dabei streichen die Kinder so lange mit dem Spatel, bis nur noch ein fester Brei zurückbleibt, der hauptsächlich aus Tomatenkernen und -hautstückchen besteht.

Den Topf kurz ausspülen und das gereinigte Ketchup hinein leeren. Salz, Rohzucker, Honig und Weißweinessig zugeben. Das Ketchup zum Kochen bringen und das Ganze bei mittlerer Hitze und unter gelegentlichem Rühren einkochen lassen, bis eine dicke, sämige Konsistenz erreicht ist. Das kann 1 Stunde dauern, eventuell auch etwas länger.

Nun dürfen die Kinder das Ketchup probieren: Schmeckt es bereits ausgewogen oder braucht es noch etwas Zucker, Essig, Salz oder Schärfe? Nachwürzen, falls erforderlich. Die Sauce in die vorbereiteten, heiß ausgespülten Gläser füllen, diese verschließen und auf den Kopf stellen, bis sich ein Vakuum bildet (2).

Tipp: Kleinere Gläser sind praktischer, weil sie innert kurzer Zeit geleert sind. Bügelflaschen sehen zwar schön aus, sind aber nur bedingt zu empfehlen, weil das dickliche Ketchup schlecht herausfließt.

Haltbarkeit: Das fertige Ketchup hält sich dunkel gelagert 4–6 Monate. Ist das Glas einmal angebrochen, im Kühlschrank aufbewahren und innerhalb von 2 Wochen aufbrauchen.

Krautstiel mit Schinken

Doppelrezept: Krautstiel mit Schinken und Kartoffelrösti und Geschnetzeltes (Seite 172)

Krautstiel (Mangold) mit Schinken ist das Lieblingsessen meiner Kindheit. Bis heute gibt es Tage, an denen ich nichts anderes will als dieses Kindermenü, denn kein anderes Gericht hat eine vergleichbar beruhigende und tröstende Wirkung auf mich.

Für 4 Portionen, etwa die Hälfte der gekochten Kartoffeln wird später für die Rösti verwendet

1,6 kg festkochende Kartoffeln
700 g Krautstiel (Mangold) mit schönem Blattgrün
Salz oder Gemüsebrühe
1 gehäufter EL Butter
1 gehäufter EL Mehl
300 ml Milch
120 g gekochter Schinken

Es empfiehlt sich, etwas unterschiedlich große Kartoffeln zu nehmen, sodass die größeren noch etwas fester sind (für die Rösti; siehe folgendes Rezept), während die kleineren schon weich sind (für die in der Schale gekochten Kartoffeln). Die Kartoffeln in einem Topf mit Siebeinsatz und gut schließendem Deckel im Dampf garen (diese Methode eignet sich besser als ein Dampfkochtopf, weil man so überprüfen kann, wann die Kartoffeln gar sind).

Unterdessen den Krautstiel waschen und putzen. Die Stiele und das Blattgrün in etwa 2 cm dicke Streifen schneiden. Das Gemüse im Salzwasser oder in einer schwachen Gemüsebrühe kochen, bis die Stiele gar sind, aber noch Biss haben.

Für die Béchamelsauce die Butter in einem Topf schmelzen lassen, das Mehl dazugeben und mit einem Schwingbesen gut verrühren. Etwas Milch dazugeben und kräftig weiterrühren. Nach und nach die gesamte Milch dazugeben, dabei ständig rühren, bis eine sämige Sauce entstanden ist. 15–20 Minuten köcheln lassen, damit der Mehlgeschmack verschwindet. Mit Salz abschmecken.

Den Schinken klein schneiden. Die Kartoffeln und den Krautstiel abgießen. Den Krautstiel zusammen mit dem Schinken in die Béchamelsauce geben. Die Sauce mit den Kartoffeln anrichten und servieren.

Das schmeckt auch: Den Schinken weglassen. Krautstiel schmeckt natürlich auch ohne Béchamelsauce gut. In diesem Fall Knoblauch in Olivenöl anziehen lassen und das gekochte und abgetropfte Gemüse kurz darin wenden. Mit einigen Tropfen Zitronensaft, Salz und Pfeffer abschmecken.
Das können Kinder tun: Den Krautstiel schneiden. Fortgeschrittene rühren die Béchamelsauce.
Haltbarkeit: Gekochte Kartoffeln sind im Kühlschrank 2–3 Tage haltbar.

Kartoffelrösti und Geschnetzeltes

Doppelrezept: Kartoffelrösti und Geschnetzeltes und Krautstiel mit Schinken (Seite 170)

Die Kartoffeln für eine echte Rösti müssen bereits am Vortag gekocht werden. Nur dann lassen sie sich gut reiben.

Für 4 Portionen

Für die Rösti
etwa 800 g in der Schale gekochte Kartoffeln vom Vortag (siehe vorangehendes Rezept)
1 TL Salz
3 EL Butterschmalz
2 EL Milch

Für das Geschnetzelte
400 g Kalbfleisch
neutrales Öl zum Anbraten
1 Schalotte
150 g Champignons
1 EL Mehl
100 ml Weißwein
200 ml Halbrahm (Sahne)
Salz, Pfeffer aus der Mühle

Die gekochten Kartoffeln schälen, an der Röstireibe reiben und lagenweise insgesamt 1 Teelöffel Salz daruntermischen. 1½ Esslöffel Butterschmalz in einer beschichteten Bratpfanne erhitzen. Die geriebenen Kartoffeln hineingeben und zu einem kompakten Kuchen zusammenschieben. Die Milch darauftröpfeln. Einen Deckel oder Teller direkt auf die Rösti legen. Sobald die Kartoffeln brutzeln, auf kleine Hitze schalten und die Rösti 15–20 Minuten sanft braten, damit sich eine goldgelbe Kruste bilden kann. Nicht in der Rösti stochern und nicht umrühren! Jetzt die Rösti auf den Teller oder Deckel stürzen, noch einmal 1½ Esslöffel Butterschmalz in der Pfanne schmelzen lassen und die Rösti von der anderen Seite weitere 15–20 Minuten braten.

Unterdessen für das Geschnetzelte das Kalbfleisch dünn schneiden und bei starker Hitze kurz in einer Bratpfanne mit Öl anbraten. Aus der Pfanne nehmen, bevor Saft aus dem Fleisch tritt, und im Backofen bei etwa 50 Grad warm stellen. Die Schalotte fein hacken. Die Champignons putzen und in Scheiben schneiden.

Die Hitze etwas reduzieren, falls nötig wenig Öl in die Bratpfanne geben und die fein gehackte Schalotte darin kurz anziehen lassen. Die Champignons dazugeben und gut umrühren. Das Mehl über die Champignons stäuben, umrühren und mit dem Weißwein ablöschen. Den Wein beinahe ganz verdunsten lassen, danach den Halbrahm dazugeben und kurz einkochen lassen. Mit Salz und Pfeffer würzen.

Das Fleisch wieder in die Pfanne geben, noch einmal abschmecken, nicht mehr kochen. Die Rösti auf einen Teller stürzen und mit dem Geschnetzelten servieren.

Das schmeckt auch: Für eine vegetarische Variante ein Spiegelei brutzeln und einige Scheiben Appenzeller- oder Bergkäse auf die Rösti legen.
Das können Kinder tun: Die Kartoffeln reiben.
Haltbarkeit: Gekochte Kartoffeln sind im Kühlschrank 2–3 Tage haltbar.

Salatsaucen

Mildes-French-Dressing

Ergibt 200 ml

6 EL Halbrahm (Sahne)
1 EL Mayonnaise
3 EL Rapsöl
2½ EL Kräuteressig
2 TL Zitronensaft

¾ TL Salz
¼ TL Zucker
1 TL mildes Currypulver oder
1 EL Schnittlauch, fein gehackt

Alle Zutaten (ohne den Schnittlauch) in einem Glas schütteln. Eventuell mit Schnittlauchröllchen servieren.

Himbeer-Haselnuss-Dressing

Für 12 Portionen

3 EL Himbeeressig
6 EL Haselnussöl
3 EL Rapsöl

Salz, Pfeffer aus der Mühle
einige Himbeeren, nach Belieben

Alle Zutaten (ohne die Himbeeren) in einem Glas schütteln, abschmecken. Nach Belieben einige frische Himbeeren in den Salat geben.

Sauerrahm-Zitronen-Dressing

Für 8 Portionen

200 g Sauerrahm (saure Sahne)
4 EL Rapsöl
1 Zitrone, Saft

Salz, Pfeffer aus der Mühle
frischer Ingwer, gerieben
Schnittlauch, in Röllchen

Aus dem Sauerrahm, dem Öl, dem Zitronensaft, Salz und Pfeffer eine Sauce anrühren. Den frisch geriebenen Ingwer und die Schnittlauchröllchen dazugeben oder separat auf den Tisch stellen. Dieses Dressing passt perfekt zu einem Rohkostsalat, zum Beispiel einer Mischung aus Roter Bete und Karotten.

Haltbarkeit: Diese Dressings können (ohne Schnittlauch und Himbeeren) im Kühlschrank etwa 2 Wochen aufbewahrt werden.

Kürbissalat mit Zucchini und Feta

Doppelrezept: Kürbissalat mit Zucchini und Feta und Cannelloni mit Kürbis und Schnittmangold (Seite 178)

Wer denkt, Kürbis sei langweilig, möge diesen Salat probieren: Der Kürbis entfaltet dank einer Marinade aus Koriandersamen, Ingwer, Chili, Knoblauch und Kardamom ein herrliches, volles Aroma. Feta und Zitrone sorgen für den Kontrast.

Für 4 Portionen, ungefähr ein Drittel des gebackenen Kürbisses landet später in den Cannelloni

1 Butternusskürbis, etwa 1,5 kg
2 Knoblauchzehen
1 Stück frischer Ingwer, daumengroß
⅓–½ rote Chilischote, entkernt
1 TL gemahlener Kardamom
2 EL ganze Koriandersamen
Olivenöl

Salz und Pfeffer, beides aus der Mühle
2 Zucchini
1 Zitrone, Saft
200 g Feta guter Qualität
glatte Petersilie, nach Belieben
1 Msp. Rohzucker

Den Ofen auf 200 Grad vorheizen. Den Kürbis ungeschält in 2–3 cm dicke Schnitze schneiden und auf ein mit einem Backpapier ausgelegtes Blech legen. Die Knoblauchzehen hacken, den Ingwer schälen und fein reiben. Chili, Kardamom, die gehackten Knoblauchzehen, den geriebenen Ingwer und die Koriandersamen in der Küchenmaschine zerkleinern oder im Mörser zerstoßen. Mit 2 Esslöffeln Olivenöl, Salz und Pfeffer verrühren und die Kürbisschnitze mit dieser Mischung einpinseln. Zusätzlich etwas grobes Salz über die Kürbisschnitze mahlen. Die Schnitze im Ofen etwa 30 Minuten backen, bis sie weich sind.

Die beiden Zucchini waschen, quer in 1 cm dicke Scheiben schneiden und in einer beschichteten Bratpfanne in Olivenöl bei knapp mittlerer Hitze auf jeder Seite 5 Minuten braten, bis sie eine schöne Farbe angenommen haben. Wenn sie fertig sind, mit etwas Salz, Pfeffer und einigen Tropfen Zitronensaft würzen.

Ungefähr zwei Drittel der gebackenen und etwas ausgekühlten Kürbisschnitze werden für den Kürbissalat verwendet: die Schale mit einem Messer wegschneiden und das Kürbisfleisch in mundgerechte Stücke schneiden. Kürbis und Zucchini auf einer Platte anrichten, den Feta in Stücke brechen und darüberstreuen. Aus dem restlichen Zitronensaft, Olivenöl, Salz, Pfeffer und dem Rohzucker ein Dressing zubereiten und den Salat damit beträufeln. Nach Belieben mit glatter Petersilie bestreuen. Dazu passt Brot oder Basmatireis.

Das können Kinder tun: Die Kürbisschnitze mit der Würzmischung einpinseln.
Das lieben Kinder: Aus den gebackenen Kürbisschnitzen lässt sich auch ein leckeres Süppchen zubereiten. Dafür den Kürbis mit Gemüsebrühe pürieren, kurz aufkochen und mit Kokosmilch oder Rahm verfeinern.
Haltbarkeit: Die gebackenen Kürbisschnitze können in einem verschlossenen Behälter 2 Tage im Kühlschrank aufbewahrt werden.

Cannelloni mit Kürbis und Schnittmangold

Doppelrezept: Cannelloni mit Kürbis und Schnittmangold und Kürbissalat mit Zucchini und Feta (Seite 176)

Diese Cannelloni schmecken fantastisch. Und wenn der Kürbis bereits vorbereitet ist, stehen sie sogar im Handumdrehen auf dem Tisch.

Für 4 Portionen

Olivenöl
400 g Schnittmangold oder Spinat
die übrig gebliebenen, gebackenen Kürbisschnitze (siehe vorangehendes Rezept)
250 g Ricotta
Pecorino, frisch gerieben (ersatzweise Parmesan)
Salz, Pfeffer aus der Mühle
250 g frische Lasagneblätter
Butter für die Form und zum Überbacken

Für die Sauce

750 g Fleischtomaten
1 Schalotte
1 Knoblauchzehe
Olivenöl
Salz, Pfeffer aus der Mühle

Etwas Olivenöl in einer großen Bratpfanne erhitzen und den gewaschenen Schnittmangold oder Spinat darin zusammenfallen lassen und etwa 5 Minuten dünsten, bis er weich ist. Aus der Pfanne nehmen, ausdrücken und grob hacken.

Das übrig gebliebene gebackene Kürbisfleisch aus der Schale schneiden, grob hacken, mit einer Gabel etwas zerdrücken und mit dem Schnittmangold oder Spinat, dem Ricotta und etwas geriebenem Pecorino vermischen. Mit Salz und Pfeffer abschmecken. Auf jedes Lasagneblatt eine Portion Farce geben und die Blätter aufrollen. Die Cannelloni in eine gebutterte Gratinform legen.

Für die Tomatensauce die Tomaten kreuzweise einschneiden und in siedendes Wasser legen, bis sich die Haut löst. Die Tomaten etwas auskühlen lassen, häuten und klein schneiden. Die Schalotte und den Knoblauch hacken und vorsichtig in Olivenöl anziehen lassen. Die Tomaten dazugeben und etwa 20 Minuten zugedeckt sanft köcheln lassen. Mit Salz und Pfeffer abschmecken.

Den Backofen auf 220 Grad Ober- und Unterhitze vorheizen. Die Cannelloni mit der Tomatensauce bedecken. Mit reichlich geriebenem Pecorino bestreuen, Butterflocken darüber verteilen und die Cannelloni etwa 20 Minuten in der Mitte des Backofens überbacken.

Das schmeckt auch: Für eine etwas deftigere, aber klassische Variante das Gericht mit einer Béchamel- anstatt Tomatensauce zubereiten.
Das können Kinder tun: Die Cannelloni füllen und aufrollen.
Haltbarkeit: Die gebackenen Kürbisschnitze können in einem verschlossenen Behälter 2 Tage im Kühlschrank aufbewahrt werden.

Wirz-Lasagne

Für 8 Portionen oder 2 Lasagnen, 1 Lasagne kommt in die Tiefkühltruhe

600 g gemischtes Hackfleisch
Olivenöl
1 Zwiebel
2 Knoblauchzehen
800 g Dosentomaten (Pelati)
1 EL frische Thymianblättchen
2–3 Msp. Cayennepfeffer

Salz
2 kleinere bis mittlere Köpfe Wirz
   (Wirsing), insgesamt etwa 900 g
Gemüsebrühe, nach Bedarf
50 g Bergkäse, frisch gerieben
Butter in Flöckchen

Für den Sugo das Hackfleisch in 2 Portionen in einem großen Topf in Olivenöl anbraten, dann beiseitestellen. Die Zwiebel und den Knoblauch hacken. Die Zwiebel in demselben Topf wie das Hackfleisch anbraten, den gehackten Knoblauch dazugeben und ganz kurz mitbraten. Das Hackfleisch wieder dazugeben, umrühren. Mit den Tomaten aus der Dose und 400 ml Wasser ablöschen, mit den abgezupften Thymianblättchen, Cayennepfeffer und Salz würzen. Etwa 30 Minuten bei geschlossenem Deckel köcheln lassen.

Unterdessen die äußeren Blätter der Kohlköpfe entfernen und die ganzen Kohlköpfe in einem großen Topf in kaltem Salzwasser aufsetzen, damit sie sich langsam erwärmen können und gleichmäßig gekocht werden. Den Kohl 15–20 Minuten vorkochen und abgießen, wenn man mit einem Küchenmesser gerade eben hindurch stechen kann. Etwas abkühlen lassen. Den Strunk und die dicksten Rippen herausschneiden.

Den Backofen auf 200 Grad vorheizen. Die inneren Viertel der Kohlköpfe klein schneiden und in den Sugo geben. Den Sugo noch einmal abschmecken. In eine Gratinform sowie eine zweite Form, die sich zum Tiefkühlen eignet (zum Beispiel eine 2-Liter-Aluminiumform), etwas Olivenöl geben. Auf den Boden der Formen jeweils eine Lage Wirzblätter legen, diese mit Sugo bedecken, eine zweite Schicht Wirzblätter darüberlegen und mit Sugo abschließen. Der Wirz sollte knapp mit Flüssigkeit bedeckt sein, eventuell noch etwas Gemüsebrühe einfüllen.

Die Wirz-Lasagne mit dem geriebenen Bergkäse bestreuen und mit Butterflocken belegen. 1 Lasagne vollständig auskühlen lassen und einfrieren, die andere etwa 15 Minuten im vorgeheizten Ofen gratinieren. Dazu passt am besten Reis.

Das schmeckt auch: Etwas deftiger wird die Lasagne, wenn man zusätzlich Pancetta oder Speckwürfel in den Sugo gibt. Für eine sämigere Variante mit etwas Rahm oder Mascarpone abschmecken. Für eine vegetarische Variante die Lasagne mit einer Tomatensauce zubereiten.
Das können Kinder tun: Beim Schichten der Lasagne helfen.
Haltbarkeit: Die Wirz-Lasagne lässt sich ohne Weiteres 2 Monate tiefkühlen. Vor dem Gratinieren über Nacht oder mehrere Stunden im Kühlschrank auftauen.

Shakshuka mit Paprika, Aubergine und Feta

Doppelrezpt: Shakshuka mit Paprika, Aubergine und Feta und Kefta auf Shakshuka (Seite 185)

Shakshuka sind würzige Eier in Tomatensauce. Das nordafrikanische Gericht passt immer, egal ob man schon den halben Tag auf den Beinen ist oder gerade aus dem Bett kommt. Hier eine leckere Version mit Feta.

Für 4 Portionen, etwa ein Drittel des fertigen Gerichts wird später für die Kefta verwendet

1 EL Koriandersamen	400 g Dosentomaten (Pelati)
½ TL Kreuzkümmel	1 kleine Prise Cayennepfeffer
1 große Zwiebel	2–3 TL Rohzucker
Olivenöl	Salz
1 Aubergine	4 Eier
3 rote oder gelbe Paprikaschoten	120 g Feta
einige Thymianzweige, Blättchen abgezupft	2 EL glatte Petersilie, frisch gehackt
2 Lorbeerblätter	

Die Koriandersamen – bereits gemahlene sind kein Ersatz, da das zitronige Aroma schnell verfliegt – mit dem Kreuzkümmel in einer Bratpfanne ohne Öl kurz rösten und anschließend in einem Mörser fein zerstoßen. Die Zwiebel hacken. Die Gewürze wieder in die Pfanne geben, einen Schuss Olivenöl und die gehackte Zwiebel zugeben und alles kurz anziehen lassen.

Die Aubergine in kleine Würfel, die Paprikaschoten in Streifen schneiden und beides mit den abgezupften Thymianblättchen und den Lorbeerblättern in die Pfanne geben. Bei mittlerer Hitze etwa 5 Minuten unter Rühren braten. Die Pelati und etwa 300 ml Wasser zugeben; die Tomatensauce soll eine relativ dünne Konsistenz haben. Mit dem Cayennepfeffer, dem Rohzucker und Salz würzen. Etwa 10–15 Minuten ohne Deckel köcheln lassen.

Das Gemüse an 4 Stellen beiseiteschieben, die Eier aufschlagen und in die Vertiefungen gleiten lassen. Die Eier salzen, den Deckel auf die Pfanne legen und alles leise blubbern lassen, bis die Eier gerade eben fest sind. Den Feta auf das Gericht bröckeln und die gehackte Petersilie darüberstreuen. Mit knusprigem Brot servieren.

Das schmeckt auch: Man kann das Gericht auch mit Zimt abschmecken oder frischen Koriander darüberstreuen. Es lassen sich auch andere Gemüsesorten verwenden, etwa Zucchini und Spinat. Für eine noch gehaltvollere Version kocht man zusätzlich Merguez-Würste mit (scharf gewürzte Würste aus Nordafrika, vor allem Marokko, die inzwischen auch hierzulande in vielen Supermärkten erhältlich sind).
Das lieben Kinder: Den süßlichen Geschmack dieser Tomatensauce.
Haltbarkeit: Shakshuka kann man in einem verschlossenen Behälter problemlos 2 Tage im Kühlschrank lagern.

Kefta auf Shakshuka

Doppelrezpt: Kefta auf Shakshuka und Shakshuka mit Paprika, Aubergine und Feta (Seite 183)

Lammfleisch ist für Kinder häufig etwas gewöhnungsbedürftig. Diese Kefta sind ein gutes Einsteigergericht, da sie Lamm- und Rindfleisch enthalten und in einer leckeren Tomaten-Gemüse-Sauce serviert werden.

Für 4 Portionen

2 Scheiben helles Brot
1 kleine Zwiebel
250 g Lammhackfleisch
250 g Rinderhackfleisch
1 Ei
2 EL Petersilie, fein gehackt
1 TL Salz
2 TL mildes Currypulver
1 Msp. Cayennepfeffer
Olivenöl zum Anbraten
das übrig gebliebene Shakshuka (ohne Eier; siehe vorangehendes Rezept)

Das Brot in kleine Stücke reißen und in Wasser einweichen. Die Zwiebel fein schneiden. Beide Sorten Hackfleisch mit der fein geschnittenen Zwiebel, dem eingeweichten Brot, dem Ei und der gehackten Petersilie vermengen. Mit Salz, Currypulver und Cayennepfeffer abschmecken.

Aus der Fleischmasse kleine Kugeln formen und diese in Olivenöl bei kleiner bis mittlerer Hitze von allen Seiten braten, bis sie eine schöne Farbe angenommen haben.

Die übrig gebliebene Shakshukasauce erhitzen und die Kefta darauf anrichten.
Je nach Hunger mit Brot, Couscous oder Reis servieren.

Das schmeckt auch: Kefta anstatt mit Currypulver mit Ras el-Hanout würzen.
Das können Kinder tun: Kefta formen.
Haltbarkeit: Shakshuka kann man in einem verschlossenen Behälter problemlos 2 Tage im Kühlschrank lagern.

Dorade mit Thymian-Karotten

Doppelrezept: Dorade mit Thymian-Karotten und Couscoussalat mit Karotte und Orange (Seite 188)

Doraden im Ofen gebacken, ein simpleres Fischrezept gibt es wohl kaum. Und kaum ein anderes schmeckt mehr nach Fisch, Meer und Ferien. Für Kinder sind einfache Zubereitungsarten ideal, weil sie so den Geschmack eines Lebensmittels am besten kennenlernen können.

Für 4 Portionen, ein Drittel bis die Hälfte der Thymian-Karotten wandert später in den Couscoussalat (siehe folgendes Rezept)

850 g Karotten	2 EL Balsamicoessig
4–5 Knoblauchzehen	Salz, Pfeffer aus der Mühle
Olivenöl	2 Doraden
etwas körnige Gemüsebrühe	1 unbehandelte Zitrone
3 EL frische Thymianblättchen	½ Bund Petersilie

Den Backofen auf 180 Grad vorheizen. Die Karotten in etwa 4 cm lange, möglichst gleich dicke Stäbchen schneiden. Die Knoblauchzehen halbieren. Beides in einer Pfanne kurz in Olivenöl anziehen lassen. 1 Esslöffel Wasser, einige Krümel körnige Gemüsebrühe, die Thymianblättchen und den Balsamicoessig dazugeben, salzen, pfeffern, einen gut schließenden Deckel aufsetzen und die Karotten bei kleiner Hitze garen. Die Karotten nicht verkochen lassen, sie müssen unbedingt noch Biss haben.

Unterdessen die Doraden kalt abspülen, trocken tupfen, innen und außen salzen. Von der Zitrone 2 dünne Scheiben abschneiden. Die Doraden jeweils mit 1 Scheibe Zitrone und einigen Zweiglein Petersilie füllen. Etwas Olivenöl in eine Gratinform geben, die Fische darin wenden und im vorgeheizten Ofen etwa 20 Minuten backen. Die Fische sind gut, sobald sich die Kiemenflossen herausziehen lassen.

Den Rest der Zitrone in Schnitze schneiden und gemeinsam mit dem Fisch anrichten. Die Thymian-Karotten lauwarm zu den Doraden servieren. Dazu passt Reis oder frisches Baguette.

Das schmeckt auch: Auf diese Weise zubereitet schmecken auch Forellen, diese haben jedoch etwas feinere Gräten als Doraden und sind deshalb eher für geübtere Fischesser zu empfehlen.

Das können Kinder tun: Den glitschigen Fisch unter fließendem kalten Wasser waschen, trocken tupfen und anschließend füllen.

Haltbarkeit: Frischen Fisch entweder in der vakuumierten Verpackung aufbewahren oder aus dem Plastikbeutel nehmen, in eine Glasschüssel legen und diese mit Frischhaltefolie bedecken. Im untersten Fach des Kühlschranks (dort ist es am kältesten) lagern. So ist frischer Fisch 1–2 Tage haltbar. Die Thymian-Karotten sind zugedeckt 2 Tage im Kühlschrank haltbar.

Couscoussalat mit Karotte und Orange

Doppelrezept: Couscoussalat mit Karotte und Orange und Dorade mit Thymian-Karotten (Seite 186)

Wenn Sie Ihre Kinder mit Couscoussalat bekannt machen möchten: Dieses Rezept eignet sich bestens dafür. Es verbindet neuartige Geschmackserlebnisse – Pfefferminze im Salat – mit bekannten: Karotten und Orangen. So hält man das kulinarische Risiko in Grenzen.

Für 4 Portionen

200 g Couscous
die übrig gebliebenen Thymian-Karotten (siehe vorangehendes Rezept)
1 Bund glatte Petersilie, fein gehackt
½ Bund Pfefferminze, fein gehackt
½ Handvoll Rosinen, gehackt
1 Orange, Saft
1 Zitrone, Saft

Den Couscous nach Packungsanweisung zubereiten. Die Thymian-Karotten aus der Balsamicoessig-Sauce nehmen (diese wird nicht verwendet, weil sie die anderen Aromen zu sehr bedrängen würde) und in etwa 1 cm lange Stücke schneiden. Die Karotten und die fein gehackten Kräuter sowie die gehackten Rosinen unter den Couscous heben. Mit dem Orangen- und dem Zitronensaft abschmecken und alles gut mischen.

Das schmeckt auch: Anstatt Rosinen fein gehackte Datteln verwenden.
Haltbarkeit: Die Thymian-Karotten sind zugedeckt 2 Tage im Kühlschrank haltbar.

Fleisch

Brathähnchen mit Zitrone und Gemüse

Doppelrezept: Brathähnchen mit Zitrone und Gemüse und Arroz con pollo (Seite 195)

Mit diesem Rezept kommt man kulinarisch übers Wochenende: Am Samstag gibt's leckeres Brathähnchen. Und am Sonntag landet das übrig gebliebene Fleisch im Arroz con pollo, dem in ganz Lateinamerika und Spanien beliebten Reis-und-Huhn-Klassiker.

Für 4 Portionen, das Fleisch der Hühnerschenkel sowie die Hühnerknochen werden später für das Arroz con pollo gebraucht

1 Freilandhuhn und etwa 2 Hühnerschenkel	1 unbehandelte Zitrone
1 EL weiche Butter	Salz
1 EL Rosmarin, fein gehackt	Olivenöl
1 EL Salbei, fein gehackt	5 Karotten
2 Lorbeerblätter	2 Lauchstangen
1 Rosmarinzweig	150 ml Weißwein
	Olivenöl zum Anbraten

Den Backofen auf 230 Grad Unter- und Oberhitze vorheizen. Das Huhn mit kaltem Wasser innen und außen abspülen und trocken tupfen. Die weiche Butter mit fein gehacktem Rosmarin und Salbei vermischen. Vorsichtig einen Finger zwischen die Haut und das Brustfleisch des Huhns schieben und in diesen Zwischenraum je etwa 1 Teelöffel der Kräuterbutter einfüllen.

In den Bauch die beiden Lorbeerblätter, den Rosmarinzweig und die mit einer spitzen Gabel gut eingestochene, ganze Zitrone legen. Das Huhn innen und außen kräftig salzen. Bei den Schenkeln ebenfalls die Haut etwas ablösen und sie mit dem Rest Kräuterbutter »füllen«. In einen Bräter wenig Olivenöl geben, das Huhn darin wenden und mit der Brustseite nach unten hineinlegen. Im vorgeheizten Ofen etwa 20 Minuten anbraten, dann wenden und die Hitze auf 220 Grad herunterschalten.

Inzwischen die Karotten schälen und in Stifte, den Lauch in etwa 2–3 cm dicke Scheiben schneiden. Das Gemüse zum Huhn geben, etwas Salz darüberstreuen und alles mit dem Weißwein begießen. Nach etwa 15 Minuten das Gemüse einmal umrühren und das Brathähnchen mit dem Saft beträufeln. Ist die Hühnerbrust genügend gebräunt, wird sie mit Alufolie abgedeckt. Das Huhn ist gar, wenn man mit einer Gabel leicht in den Schenkel stechen kann und der austretende Fleischsaft klar ist (Bratzeit insgesamt etwa 1 Stunde; 20 Minuten anbraten, 40 Minuten fertig garen).
Dazu passen Bratkartoffeln.

Das schmeckt auch: Anstatt Lauch Zucchini verwenden, diese aber erst etwa 15 Minuten vor Ende der Bratzeit zugeben. Anstatt einer frischen Zitrone eine mehrmals eingestochene oder zerdrückte schwarze Zitrone (Limo amani) verwenden. Diese iranische Spezialität verleiht langsam schmorenden Eintöpfen eine herb-säuerliche Note.
Haltbarkeit: Huhn und Knochen können 2 Tage im Kühlschrank aufbewahrt werden.

Arroz con pollo

Doppelrezept: Arroz con pollo und Brathähnchen mit Zitrone und Gemüse (Seite 193)

Für 4 Portionen

Das übrig gebliebene Hühnerfleisch (siehe vorangehendes Rezept)
1 Zwiebel
2–3 Knoblauchzehen
1 Paprikaschote
2 frische Tomaten oder ½ Dose Dosentomaten (Pelati)
¼ rote Chilischote
Olivenöl
200 ml Lagerbier
Salz, Pfeffer aus der Mühle
300 g Langkornreis
1 Handvoll tiefgekühlte Erbsen
1 TL Safranfäden

2 unbehandelte Zitronen, Saft von einer, die zweite in Schnitzen
glatte Petersilie, gehackt

Für die Hühnerbrühe
die übrig gebliebenen Hühnerknochen (siehe vorangehendes Rezept)
1 Zwiebel, geschält
2 Knoblauchzehen, geschält
1 Karotte, geschält
1 Stück Sellerie oder Selleriegrün, geschält
1 Stück Lauch
2 Lorbeerblätter
Petersilie

Für die Brühe von den Hühnerknochen die Haut, das Fett und, falls vorhanden, den Bürzel (darin steckten früher die Schwanzfedern) sowie von Innereien dunkel verfärbte Teile entfernen. Die Knochen mit den Zutaten für die Brühe in einen großen Topf geben und mit rund 1 l Wasser bedecken. Zugedeckt etwa 45 Minuten köcheln lassen. Anschließend die Hühnerbrühe durch ein Sieb gießen und beiseitestellen.

Die Zwiebel hacken, den Knoblauch fein schneiden, die Paprika in Würfel und die frischen oder Dosentomaten klein schneiden; die Chili entkernen und fein schneiden. In demselben Topf, in dem die Hühnerbrühe bereitet wurde, die Zwiebel in Olivenöl anschwitzen, den Knoblauch zugeben, Paprika, Tomaten und Chili zugeben und einige Minuten anbraten. Das Bier und zwei Drittel der selbst gemachten Hühnerbrühe hineinleeren. Alles aufkochen, salzen und pfeffern. Den Reis einrühren und 25–30 Minuten köcheln lassen, bis die Flüssigkeit beinahe aufgesogen ist. Falls nötig, noch etwas mehr Hühnerbrühe zugeben.

Unterdessen das übrig gebliebene Hühnerfleisch entlang der Fasern in längliche Stücke reißen. Etwa 5 Minuten vor Ende der Kochzeit das Hühnerfleisch, die tiefgekühlten Erbsen und die Safranfäden in den Topf geben. Den Arroz con pollo mit Zitronensaft, Salz und Pfeffer abschmecken. Die gehackte Petersilie darüberstreuen und mit den Zitronenschnitzen servieren.

Das schmeckt auch: In Peru kommt frischer Koriander in den Arroz con pollo.
Das lieben Kinder: Nicht zu viel oder gar keine Chili verwenden.
Haltbarkeit: Übrig gebliebenes Huhn kann mitsamt der Knochen zugedeckt 2 Tage im Kühlschrank aufbewahrt werden.

Old Fashion Burger

Stefan Grieder und Jérôme Beurret: Restaurant Union, Rhyschänzli, und Buvette, Basel

Stefan Grieder kann nicht verstehen, warum Hamburger immer gleich mit »ungesund« assoziiert werden. Frisches Fleisch, knackiges Gemüse, ein Brötchen – eigentlich klingt das doch nach einer ziemlich ausgewogenen Mahlzeit. Natürlich sei die Qualität der Zutaten entscheidend. »Wenn ich sehe, wie billig die großen Fastfood-Restaurant-Ketten ihre Hamburger verkaufen, frage ich mich schon, was da drin ist.«

Stefan Grieder und Jérôme Beurret gelten als das neue Basler Gastro-Traumpaar. In der Buvette, einem Imbiss direkt am Rhein, begannen sie 2011, Hamburger zu braten. Das hat so gut funktioniert, dass sie die Idee ein Jahr später weiterentwickelten und im Restaurant Union mitten im multikulturellen Kleinbasel noch einmal umsetzten.

Der für das Kulinarische verantwortliche Grieder, hat den Hamburger für sich entdeckt, als er längere Zeit in Amerika unterwegs war. »Ich hatte keine Lust, allein ins Restaurant zu gehen. Also habe ich mich quer durch die Fastfood-Restaurants gegessen.« Noch heute kommt er ins Schwärmen, wenn er über den amerikanischen Klassiker spricht: nahrhaftes Essen, das der Seele guttut. Typischer »Comfort Food«, wie der Amerikaner sagen würde.

Seiner Tochter stehen diese Freuden noch bevor. Sie ist knapp zehn Monate alt und zieht das Fläschchen dem Gemüsebrei noch vor. Das werde sich ändern, sagt Grieder, wenn Töchterchen Ellen endlich ein Stück Fleisch serviert bekomme.

Die Qualität des Fleisches ist für das Gelingen dieses Rezeptes entscheidend. Am besten lässt man es sich vom Metzger durch den Fleischwolf drehen. Der Fettanteil sollte 15–20 Prozent betragen; ist das Fleisch allzu mager, wird der Burger zu trocken. Wir haben den Hamburger getestet und waren begeistert.

Ergibt Rindfleisch-Patties für 8 Burger, die Hälfte kann eingefroren werden

Für die Patties
1,2 kg Rinderhackfleisch
Salz, Pfeffer aus der Mühle
neutrales Öl zum Anbraten

Für den Cole Slaw
4 Karotten
½ Weißkohl (Kabis)
1 Knoblauchzehe
1 Bund Koriander
1 TL Kurkuma
1 Prise Kreuzkümmel
Mayonnaise
Black Bean Sauce (ersatzweise Teriyaki-Sauce)
Salz

Für die Burger (4 Stück)
4 Scheiben weißer oder orangefarbener Cheddar-Käse (ersatzweise Gruyère)
4 Hamburgerbrötchen (gut eignet sich auch Döner-Fladenbrot aus einer türkischen Bäckerei oder vom Döner-Stand, ein helles oder je nach Geschmack auch dunkles Brötchen)
grobkörniger Senf zum Bestreichen
2 Tomaten
Ketchup zum Bestreichen
4 Blatt Lattich

Für den Cole Slaw die Karotten schälen und auf der Gemüsereibe raspeln. Den halben Kohl noch einmal halbieren und dann ebenfalls raspeln oder fein schneiden. Das Verhältnis von Karotten und Kohl sollte etwa 1:1 betragen. Das geraspelte Gemüse gut vermischen und mit der Hand ein wenig kneten.

Den Knoblauch und den Koriander hacken. Kurkuma, Kreuzkümmel und den Knoblauch zu dem Cole Slaw geben und gut umrühren. Zum Schluss den gehackten Koriander und einige Esslöffel Mayonnaise beigeben und mit Black Bean Sauce und Salz abschmecken.

Den Ofen auf 180 Grad vorheizen. Aus dem Rinderhack mit den Händen oder einer runden Ausstechform von etwa 10 cm Durchmesser 8 Patties à etwa 150 g formen. 4 Patties sofort tiefkühlen. Die restlichen Patties beidseitig salzen und pfeffern und im erhitzten Öl von beiden Seiten etwa 2 Minuten heiß anbraten. Anschließend für 5 Minuten im vorgeheizten Ofen zu Ende garen. Herausnehmen und mit den Cheddar-Scheiben belegen (so kann der Käse etwas anschmelzen), in Alufolie wickeln und wenige Minuten ruhen lassen.

Jetzt die Brötchen halbieren und im Ofen knusprig toasten. Den Boden der Brötchen mit Senf bestreichen. Die Tomaten in Scheiben schneiden. Je 2 Tomatenscheiben auf die unteren Brötchenhälften legen. Den Deckel der Brötchen mit Ketchup bestreichen.

Das Fleisch aus der Folie nehmen und auf die Tomatenscheiben legen. Den Cole Slaw leicht ausdrücken und auf das Fleisch türmen. Die Lattichblätter halbieren und auf den Cole Slaw legen und alles mit den Burgerdeckeln abschließen.

Das schmeckt auch: Burger lassen sich beinahe endlos variieren. Immer gut schmeckt die klassische Variante mit gebratenem Speck und Käse. Im Union wird ein sehr leckerer Teriyaki-Burger mit Wasabi-Mayonnaise und japanischem Gurkensalat serviert. Für die Wasabi-Mayonnaise 80 g Mayonnaise, 20 g grob zerdrückte Wasabinüsse und wenig Wasabipaste vermengen. Für den Gurkensalat fein geschnittene Gurke, wenig Frühlingszwiebel, Reisessig, gerösteten Sesam, frische Minze und etwas Rohzucker und Salz vermischen. Das gebratene Fleisch mit warmer Teriyaki-Sauce bestreichen und mit der Wasabi-Mayonnaise und dem Gurkensalat ins Brötchen schichten.
Tipp: Den Durchmesser der Fleischpatties etwas größer als die Brötchen wählen, damit das Fleisch nach dem Braten nicht vollständig im Brot verschwindet. Das Fleisch zieht sich beim Braten etwas zusammen.
Das lieben Kinder: Den Cole Slaw separat zum Burger servieren.
Haltbarkeit: Die geformten, rohen Rindfleisch-Patties nebeneinander in den Tiefkühlschrank stellen und in einen Gefrierbeutel umfüllen, sobald sie gefroren sind. So sind sie 2 Monate haltbar. Später können sie noch gefroren angebraten und etwa 20 Minuten zum Nachgaren in den vorgeheizten Backofen gelegt werden. Die Kerntemperatur sollte etwa 50 Grad betragen.

Rindsragout mit Karotten und Wermut

Doppelrezept: Rindsragout mit Karotten und Wermut und Hörnli mit Gehacktem und Apfelmus (Seite 202)

An der Frage, ob man für Kinder mit Alkohol kochen darf, scheiden sich die Geister. Er verflüchtigt sich beim Kochen zwar nicht vollständig, aber bei langer Kochzeit sinkt der Alkoholgehalt doch beträchtlich. Nach ½ Stunde bleiben noch 35 Prozent des Alkohols übrig, nach 2½ Stunden nur noch 5 Prozent. Ich persönlich halte ein mit wenig Rotwein geschmortes Rindsragout oder einen Schuss Weißwein im Risotto, den man vollständig verdampfen lässt, deshalb für unproblematisch. In reifen Bananen oder Fruchtsäften lassen sich vergleichbare Mengen Alkohol nachweisen.

4 Portionen, etwa ein Viertel des Ragouts wird später zu Gehacktem mit Hörnli-Nudeln und Apfelmus weiterverarbeitet

900 g Rindsragout
Öl zum Anbraten
75 ml Weißwein
100 ml Wermut
4–5 kleine Zwiebeln
1 Tomate
1 TL Tomatenpüree
Salz, Pfeffer aus der Mühle
4 mittlere Karotten

Das Fleisch in etwa 2 cm große Stücke schneiden und in einer Bratpfanne in 2 Portionen in Öl anbraten, dann aus der Pfanne nehmen. Das Fett abgießen. Den Weißwein und den Wermut in die Pfanne geben und den Bodensatz lösen, die Pfanne dabei wieder auf den Herd stellen und etwa die Hälfte des Alkohols verdampfen lassen. Das Fleisch zurück in die Pfanne geben.

Die Zwiebeln schälen, von der oberen Seite her über Kreuz einschneiden und ebenfalls in die Pfanne geben. Die Tomate fein hacken. Das Tomatenpüree und die fein gehackte Tomate beifügen, mit Salz und Pfeffer würzen und alles bei kleinster Hitze zugedeckt schmoren lassen. Das Fleisch ist gar, wenn es sich mit der Gabel zerteilen lässt, das dauert je nach Qualität des Fleisches insgesamt knapp 2 Stunden.

Die Karotten halbieren, in etwa 2 cm lange Stücke schneiden und nach einer Dreiviertelstunde Schmorzeit zum Fleisch geben. Gut umrühren. Das Ragout schmeckt herrlich zu Vollkornreis, Kartoffelpüree, Polenta oder Pasta.

Das lieben Kinder: Unsere Kinder schätzen es, wenn wir ihnen die Fleischstücke nach dem Kochen noch einmal zerkleinern, sie können das Fleisch – auch wenn es sehr weich ist – dann besser kauen.

Haltbarkeit: Das Ragout ist im Kühlschrank problemlos 2 Tage haltbar. Es schmeckt aufgewärmt noch besser als frisch gekocht, weshalb es sich auch gut zum Tiefkühlen eignet.

Hörnli mit Gehacktem und Apfelmus

Doppelrezept: Hörnli mit Gehacktem und Apfelmus und Rindsragout mit Karotten und Wermut (Seite 200)

Es kann nicht immer Sonntag sein. Dieses einfache Mahl versöhnt aber hundertprozentig mit dem Alltag, der da kommt.

Für 4 Portionen

400 g Hörnli (Hörnchennudeln)
Salz
das übrig gebliebene Ragout (siehe vorangehendes Rezept)
Pfeffer aus der Mühle
Butter
400 g Apfelmus zum Servieren
Parmesan, frisch gerieben, zum Servieren
Petersilie, gehackt, nach Belieben

Die Hörnli in Salzwasser al dente kochen. Unterdessen das Ragout (mitsamt der übrig gebliebenen Karotten) klein hacken, mit wenig Wasser in einem kleinen Topf erhitzen und mit Salz und Pfeffer abschmecken.

Die Nudeln abgießen und abtropfen lassen, ein Stück Butter zugeben und dieses schmelzen lassen. Die Hörnli mit dem gehackten Ragout, Apfelmus und Parmesan anrichten und nach Belieben mit gehackter Petersilie bestreut servieren.

Das können Kinder tun: Abendessen zubereiten.
Haltbarkeit: Das Ragout kann problemlos 2 Tage im Kühlschrank aufbewahrt werden.

Küchenexperiment: Apfel-Rosmarin-Senf

Senf kommt nicht einfach aus der Tube, er wird aus Senfkörnern gemacht. Das wurde unseren Kindern schlagartig klar, als ihnen beim Mahlen der Körner der typische Senfgeruch in die Nase stieg. Mindestens ebenso aufregend war es, den leckeren, aber auch ziemlich scharfen Senf zu probieren. Essen kann eben auch eine Mutprobe sein.

Ergibt 2 kleine Gläser à 200 ml, 1 zum Selberessen und 1 zum Verschenken

100 g gelbe Senfkörner (auch weißer Senf genannt)
150 ml weißer Balsamicoessig
60 ml Apfelsaft
40 ml Honig
2 TL Salz
1 TL getrockneter Rosmarin, fein gehackt
2 TL Rapsöl

Außerdem
eine alte Kaffeemühle, Getreidemühle oder Küchenmaschine zum Mahlen der Senfkörner
2 Gläser mit Deckel

Das A und O der Senfzubereitung ist das Mahlen der Senfkörner (1). Am besten geht das mit einer alten Kaffeemühle oder einer Getreidemühle. Wenn man die Körner, so wie wir es gemacht haben, im Zerkleinerer klein kriegen will, sollte man sie vor dem Mahlen für etwa 1 Stunde ins Tiefkühlfach legen. So lassen sich die kleinen Körner besser mahlen, zudem werden sie in der Küchenmaschine nicht so schnell heiß. Letzteres ist entscheidend, weil sich beim Senf, wenn er heißer als etwa 30 Grad wird, bereits verschiedene Aromabestandteile verflüchtigen. Die Küchenhelfer müssen deshalb während des »Mahlens« der Senfkörner in der Küchenmaschine immer wieder die Temperatur der Körner überprüfen und alle paar Minuten eine kurze Pause einlegen, damit sich die Körner (und die Küchenmaschine) wieder abkühlen können.

Man kann den Senf je nach Geschmack entweder ganz fein mahlen oder, so wie wir es getan haben, nur grob. Balsamicoessig und Apfelsaft werden kurz aufgekocht – so wird die Schärfe des Senfs ein bisschen gemildert –, bevor sie mit dem gemahlenen Senf verrührt werden.

Die Senfmasse mit Honig, Salz und fein gehacktem Rosmarin würzen, das Rapsöl zugeben (2) und alles gut vermengen. Die nächsten 24 Stunden lässt man den Senf bloß mit einem Tuch zugedeckt und unter gelegentlichem Umrühren bei Zimmertemperatur durchziehen.

Falls der Senf am nächsten Tag zu trocken erscheint, je einen Schuss Essig und Apfelsaft (oder Wasser) nachgießen und gut umrühren. Jetzt kann der Senf in Gläser abgefüllt werden (3). Danach muss er im Kühlschrank mindestens 4–6 Wochen reifen, damit er seinen vollen Geschmack entfalten kann.

Das schmeckt auch: Wenn man den Apfelsaft durch Wasser ersetzt und den Rosmarin weglässt, hat man ein Grundrezept, das man beinahe beliebig ergänzen kann, zum Beispiel mit frischen oder getrockneten Feigen oder Aprikosen, Estragon oder Curry. Um einen schärferen Senf zu erhalten, kann man einen Teil der gelben durch schwarze Senfkörner ersetzen.

Das lieben Kinder: Die Etiketten der Senfgläser gestalten.

Tipp: Nicht verzweifeln, wenn der Senf zu Beginn eine bittere Note hat, dieser Geschmack geht während der Reifung weg. Auch die Schärfe lässt nach etwa 6 Wochen Reifezeit merklich nach.

Haltbarkeit: Senf ist im Kühlschrank 4–6 Monate haltbar.

Siedfleisch vom Kalb

Doppelrezept: Siedfleisch vom Kalb und Vitello tonnato (Seite 210)

Das Paradebeispiel eines Doppelmenüs: herrliches Siedfleisch vom Kalb an einem Tag; was übrig bleibt, wird in kinderfreundliche Thunfischsauce eingelegt, 2 Tage in den Kühlschrank gestellt und erlebt als Vitello tonnato ein fulminantes Comeback.

Für 4 Portionen, ungefähr ein Drittel wird später zu Vitello tonnato weiterverarbeitet

1 Zwiebel
2 Lorbeerblätter
2 Gewürznelken
1 Bund Petersilie
100 ml Weißwein
Salz

1,2 kg Kalbfleisch (zum Beispiel Schulter)
6 Kartoffeln
4 Karotten
1 Lauchstange

Die Zwiebel schälen und mit den Lorbeerblättern und den Nelken spicken. Etwa 3 l Wasser mit der gespickten Zwiebel, der Petersilie und dem Weißwein zum Kochen bringen. Den Sud salzen und das Fleisch hineingeben; das Fleisch muss vom Sud bedeckt sein, falls nötig, noch etwas Wasser zugeben. Das Fleisch knapp unter dem Siedepunkt, bei etwa 85 Grad, ziehen lassen. Bildet sich Schaum an der Oberfläche, diesen gelegentlich abschöpfen. Das Fleisch ist gar, wenn man mit einem Küchenmesser leicht hindurchstechen kann; das dauert etwa 2–2½ Stunden.

Unterdessen die Kartoffeln längs halbieren, die Karotten und den Lauch in etwa 5 cm lange Stücke schneiden. Das Gemüse etwa 30 Minuten vor Ende der Kochzeit des Fleisches in den Sud geben. Den Teil des Fleisches, der als Siedfleisch auf den Tisch kommt, mit einem scharfen Messer gegen die Fasern in möglichst dünne Scheiben schneiden; sie sollten höchstens ½ cm dick sein.

Das Siedfleisch mit dem Gemüse servieren. Dazu passen Chutneys, Senf oder Frankfurter Sauce. Das Fleisch, das für das Vitello tonnato (siehe folgendes Rezept) bestimmt ist, am Stück im Sud erkalten lassen und aufbewahren.

Das schmeckt auch: Als Beilage zum Siedfleisch schmeckt auch eine Meerrettichsauce herrlich, die sich ganz einfach aus einem Becher Naturjoghurt, geriebenem frischen Meerrettich, wenig Salz und Pfeffer und 100 ml geschlagenem Rahm zubereiten lässt.
Tipp: Wenn man kein Elektromesser hat, ist es nicht ganz einfach, das heiße Fleisch dünn aufzuschneiden. Bereitet man das Siedfleisch schon am Vortag zu, kann man es in der Brühe erkalten lassen und kalt schneiden, was wesentlich einfacher ist. Zudem kann man dann das erstarrte Fett von der Brühe abheben, sodass die Brühe schön klar wird. Das geschnittene Fleisch langsam in der Brühe erwärmen.
Das lieben Kinder: Als Beilage einen halbierten, in wenig Wasser gekochten Apfel servieren, gefüllt mit einem Klacks Beerenkonfitüre.
Haltbarkeit: Das Siedfleisch ist im Kühlschrank 2 Tage haltbar.

Vitello tonnato

Doppelrezept: Vitello tonnato und Siedfleisch vom Kalb (Seite 208)

Zartes Kalbfleisch in sämiger Thunfischsauce, das mögen nicht nur Erwachsene, sondern auch Kinder. Ein unkompliziertes Abendessen oder eine festliche Vorspeise.

Für 4 Portionen

400–600 g übrig gebliebenes Siedfleisch vom Kalb (siehe vorangehendes Rezept)

Für die Thunfischsauce
200 g Thunfisch aus der Dose, abgetropft
2 Eigelb
200 ml Olivenöl
3 Sardellenfilets
2 EL Zitronensaft
½ TL weißer Balsamicoessig
100 ml Kalbfleischsud

Zum Servieren
2 EL Kapern
½ unbehandelte Zitrone, in Schnitzen

Das übrig gebliebene Siedfleisch aus dem Sud nehmen und für ½ Stunde ins Tiefkühlfach stellen, damit es sich besser schneiden lässt. Den Sud beiseitestellen.

Alle Zutaten für die Thunfischsauce im Mixer pürieren. Falls notwendig, mit etwas Sud verdünnen, bis eine dickflüssige Sauce entsteht.

Das sehr kalte Fleisch mit einem scharfen oder einem elektrischen Messer so dünn wie nur möglich gegen die Fasern schneiden. Auf den Boden eines kleinen, hohen Glasgefäßes etwas Sauce geben und die erste Scheibe Fleisch darauflegen. Abwechselnd Fleisch und Sauce einfüllen, bis das ganze Vitello bedeckt ist. Im Kühlschrank 24 Stunden durchziehen lassen. Oder einfrieren. Mit Kapern und Zitronenschnitzen servieren. Den restlichen Sud abschmecken und als Brühe servieren.

Das lieben Kinder: Die Brühe mit Buchstabennudeln oder Backerbsen aufpeppen.
Haltbarkeit: Mit Sauce bedeckt und gut verpackt ist das Vitello tonnato 4 Tage im Kühlschrank haltbar. Im Tiefkühlschrank verlängert sich seine Lebensdauer noch einmal um 2 Monate. Im Kühlschrank auftauen.

Hackbraten mit Steinpilzen an Morchelsauce

Für 8 Portionen, 1 Hackbraten kann eingefroren werden

30 g getrocknete Steinpilze
1 altbackenes Brötchen
1 Tasse Milch oder Wasser
500 g Ricotta
5 EL Parmesan, frisch gerieben
3 Eier
1 Bund Petersilie, fein gehackt
1¾ TL Salz
Pfeffer aus der Mühle, Muskatnuss
950 g ganz frisches gemischtes Hackfleisch

Für die Sauce (4 Portionen)
20 g getrocknete Morcheln
1 Schalotte
Butter
1–2 EL Noilly Prat
100 ml Kalbsfond
200 ml Saucenhalbrahm (siehe Tipp)
Salz, Pfeffer aus der Mühle

Den Ofen auf 160 Grad Umluft vorheizen. Die Steinpilze in lauwarmem Wasser etwa 15 Minuten einweichen. Das Brötchen oder das Brot in Stücke brechen und mit der Milch oder dem Wasser übergießen und kurz quellen lassen. Die Steinpilze abgießen (das Einweichwasser aufheben), gut ausdrücken und klein schneiden.

Ricotta, Parmesan, Eier, Petersilie, Salz, Pfeffer und wenig geriebene Muskatnuss gut mit dem Brot und den Steinpilzen verrühren. Das Hackfleisch gründlich untermischen. Die Hälfte der Hackfleischmasse sofort in einen Tiefkühlbeutel füllen, den Beutel flach drücken, gut verschließen und tiefkühlen.

Eine Kuchenform mit Backpapier auslegen, mit der übrigen Fleischmasse füllen und die Fleischmasse glatt streichen. In den vorgeheizten Ofen schieben und etwa 1 Stunde backen.

Für die Sauce die Morcheln ½ Stunde lang im Einweichwasser der Steinpilze aufquellen lassen. Die Schalotte fein hacken, dann einige Minuten sanft in Butter anziehen lassen. Die Morcheln aus dem Wasser nehmen, längs halbieren und unter kaltem Wasser gut abspülen, damit keine Sandkörner in die Sauce gelangen. Das Pilzwasser durch ein mit einem Küchenpapier ausgelegtes Sieb abseihen und beiseitestellen.

Die Hälfte der Morcheln fein schneiden. Die Pilze zu der gehackten Schalotte geben und etwa 10 Minuten anschwitzen. 200 ml des Pilz-Einweichwassers und den Noilly Prat dazugeben und die Flüssigkeit auf ein Drittel reduzieren. Den Kalbsfond zugeben und etwas einköcheln lassen. Den Saucenhalbrahm einrühren und die Sauce noch einmal um etwa die Hälfte einkochen lassen. Mit Salz und Pfeffer abschmecken. Den Hackbraten aufschneiden und zusammen mit der Sauce servieren.

Das lieben Kinder: Kartoffelpüree zum Hackbraten.
Tipp: Anstelle von Saucenhalbrahm kann man auch normalen Rahm (Sahne) verwenden und die Sauce mit wenig Maisstärke (Maizena) andicken.
Haltbarkeit: 2 Monate im Tiefkühlschrank. Im Kühlschrank an- oder auftauen, die aufgetaute Masse schnell verarbeiten. Der Hackbraten lässt sich auch gegart einfrieren.

Rindsschnitzel mit Gemüse und Kartoffelpüree

Doppelrezept: Rindsschnitzel mit Gemüse und Kartoffelpüree und Ofenguck mit Speck und Salbei (Seite 217)

Für 8 Portionen, die Hälfte der Rindsschnitzel wird tiefgekühlt und die Hälfte des Kartoffelpürees zu Ofenguck weiterverarbeitet

Für die Rindsschnitzel mit Gemüse
1 kg Rindsschnitzel, zum Schmoren, dünn geschnitten
Salz, Pfeffer, mildes Paprikapulver
2 Karotten
½ Knollensellerie
½ Aubergine
1 kleine rote Paprikaschote
1 Zwiebel
2 Knoblauchzehen
Olivenöl zum Anbraten
80 g Speckwürfel
150 ml guter Rotwein
400 g Dosentomaten (Pelati)
2 EL frischer Rosmarin, fein gehackt
1 Lorbeerblatt

Für das Kartoffelpüree
1,8 kg mehligkochende Kartoffeln (etwa die Hälfte landet im Ofenguck; siehe folgendes Rezept)
300–400 ml Milch
4 EL Butter
Salz, frisch geriebene Muskatnuss

Das Fleisch auf beiden Seiten mit Salz, Pfeffer und Paprikapulver würzen. Karotten, Sellerie, Aubergine und Paprika in Würfel schneiden. Zwiebel und Knoblauch hacken.

Das Fleisch in Olivenöl von beiden Seiten scharf anbraten, dann aus der Pfanne nehmen und beiseitestellen. Die Speckwürfel in derselben Pfanne bei mittlerer Hitze auslassen. Das klein geschnittene Gemüse sowie Zwiebel und Knoblauch dazugeben und einige Minuten anbraten. Den Wein zugeben und etwas verdampfen lassen. Die Dosentomaten mit dem gehackten Rosmarin und dem Lorbeerblatt zum Gemüse geben, umrühren. Mit Paprikapulver, Salz und Pfeffer würzen.

Etwa die Hälfte des Gemüses in eine Schüssel geben und die angebratenen Schnitzel auf das verbliebene Gemüse in der Pfanne legen, dann mit dem restlichen Gemüse bedecken. Das Fleisch sollte knapp mit Flüssigkeit bedeckt sein, falls nötig etwas Wasser zugeben. Das Ganze kurz aufkochen und anschließend nur noch sanft köcheln lassen, bis das Fleisch weich ist, das dauert 1–1¼ Stunden. Vor dem Servieren abschmecken.

Für das Kartoffelpüree die Kartoffeln schälen, in grobe Stücke schneiden und in Wasser weich kochen. Dann abgießen und abtropfen lassen. In demselben Topf Milch, Butter und 2 Teelöffel Salz verrühren und erhitzen. Die Kartoffeln durch das Passevite treiben. Eventuell noch etwas Milch zugeben, bis die Konsistenz stimmt, und mit Salz und Muskatnuss abschmecken.

Das Fleisch mit dem Gemüse und dem Kartoffepüree anrichten. Das Fleisch, das übrig bleibt, mitsamt der Sauce und dem Gemüse gut verpacken und einfrieren.

Das schmeckt auch: Die Rindsschnitzel kann man auch mit anderem Gemüse, etwa mit Lauch, Karotten und Staudensellerie, zubereiten. Oder mit Tomaten und Steinpilzen.
Haltbarkeit: Die Rindsschnitzel lassen sich 2 Monate im eigenen Saft einfrieren. Dann über Nacht im Kühlschrank auftauen lassen.

Ofenguck mit Speck und Salbei

Doppelrezept: Ofenguck mit Speck und Salbei und Rindsschnitzel mit Gemüse und Kartoffelpüree (Seite 215)

Ofenguck ist ein traditionelles Schweizer Restegericht, das in jedem Kanton und Haushalt etwas anders zubereitet wird. Kinder lieben diesen Gratin, weil er unkompliziert ist, Eltern, weil er im Handumdrehen auf dem Tisch steht. Letzteres stimmt natürlich nur, wenn man noch eine Schüssel Kartoffelpüree im Kühlschrank stehen hat.

Für 4 Portionen

75 g Speckwürfel
2 EL Olivenöl
1 Zwiebel
3–4 Zweige frischer Salbei
Salz, Pfeffer aus der Mühle
das übrig gebliebene Kartoffelpüree (siehe vorangehendes Rezept)
1 Ei
Butter für die Form

Den Backofen auf 210 Grad vorheizen. Die Speckwürfel in einer Bratpfanne mit dem Olivenöl auslassen. Die Zwiebel hacken und zusammen mit den ganzen Salbeiblättern dazugeben, mit etwas Salz und Pfeffer würzen und bei mittlerer Hitze einige Minuten brutzeln lassen, bis alles eine schöne Farbe angenommen hat.
    Das übrig gebliebene Kartoffelpüree mit dem Ei verrühren und in eine gebutterte Gratinform geben. Die Speck-Salbei-Mischung darüber verteilen und im vorgeheizten Ofen etwa 20 Minuten überbacken. Dazu schmeckt ein gemischter Salat.

Das schmeckt auch: Mit einem Löffel Höhlungen in die Kartoffelmasse drücken und diese mit Schinkenwürfeln oder Speck sowie geriebenem Käse füllen. Mancherorts lässt man in die Vertiefungen auch ein Eigelb gleiten, das geschlagene Eiweiß wird in diesem Fall unter die Kartoffelmasse gezogen. Ofenguck kann auch aus leicht gesalzenem Grieß zubereitet werden.
Haltbarkeit: Kartoffelpüree ist zugedeckt problemlos 2 Tage im Kühlschrank haltbar.

Knusprige Fischstäbchen

Stimmt, es gibt gekaufte Fischstäbchen, die sind ganz okay. Wenigstens so lange, bis Sie diese hier gekostet haben, denn die schmecken um Welten besser. Zum Glück lassen sie sich prima auf Vorrat zubereiten.

Für 8 Portionen, die Hälfte kommt in den Kälteschlaf

2 Eier
70 g Mehl
100 g Cornflakes
700 g Lachsfilet, ohne Haut
Salz, Pfeffer aus der Mühle
Raps- oder Sonnenblumenöl zum Braten
1 unbehandelte Zitrone, in Schnitzen

Die Eier in einer kleinen Schüssel aufschlagen und verquirlen. Das Mehl in einem tiefen Teller bereitstellen. Die Cornflakes in einer weiteren Schüssel mit den Händen leicht zerkrümeln.

Das Lachsfilet mit einem scharfen Messer in 16 Scheiben schneiden (in dieselbe Richtung schneiden wie der Fischhändler), jede Scheibe sollte 1–2 cm dick sein. Jede Fischscheibe auf Gräten untersuchen – das klingt schwieriger, als es ist: Da die Gräten relativ dick sind, lassen sie sich im Fischfleisch gut ertasten und herausziehen. Den entgräteten Fisch mit wenig Salz und Pfeffer würzen.

Nun alle Fischstäbchen der Reihe nach zuerst im Mehl wenden, dann im Ei baden und am Schluss in den Cornflakes wenden. Die Hälfte der Fischstäbchen sofort auf ein mit Backpapier belegtes Blech legen und einfrieren. Sobald sie gefroren sind, werden sie in einen Beutel umgefüllt und luftdicht verpackt. Die andere Hälfte der Fischstäbchen in einer beschichteten Bratpfanne in etwas Öl bei mittlerer Hitze goldbraun braten. Mit Zitronenschnitzen servieren. Dazu passen Salzkartoffeln oder Reis.

Das schmeckt auch: Eine Freundin bereitet auf diese Weise Chicken Nuggets zu.
Das können Kinder tun: Die Cornflakes in einer Schüssel zerkrümeln und die vorbereiteten Fischstäbchen darin wenden.
Das lieben Kinder: Mayonnaise dazu. Oder Quark-Mayonnaise, die jeweils zur Hälfte aus Mayonnaise und Quark besteht.
Haltbarkeit: Fisch immer an der kältesten Stelle im Kühlschrank lagern (auf der Glasplatte über dem Gemüsefach) und möglichst rasch verarbeiten und tiefkühlen. Im Tiefkühlschrank sind die Fischstäbchen 2 Monate haltbar. Noch gefroren in die Bratpfanne geben und bei mittlerer Hitze beidseitig braten.

Schweinsnierstückbraten mit Lauch

Doppelrezept: Schweinsnierstückbraten mit Lauch und Zucchini mit köstlicher Fleischfüllung (Seite 222)

Die Kombination von Schweinsnierstück und Lauch ist ideal, weil der Lauch verhindert, dass das magere Stück Fleisch zu trocken wird. Aus dem übrig gebliebenen Braten lassen sich außerdem äußerst leckere überbackene Zucchini zaubern.

Für 4 Portionen

800 g Schweinsnierstückbraten, 2–3 Scheiben
  vom Braten werden später für die überbackenen
  Zucchini gebraucht (siehe folgendes Rezept)
Salz
2 EL Olivenöl
einige Scheiben Bratspeck
2 Salbeizweige
300 g Lauch

Den Braten rundherum kräftig salzen und in dem Olivenöl bei großer Hitze von allen Seiten anbraten. Die Temperatur auf die niedrigste Stufe herunterschalten, zuerst die Speckscheiben und dann den Salbei auf den Braten legen, einen gut sitzenden Deckel aufsetzen und das Fleisch ohne Zugabe von Flüssigkeit bei kleinster Hitze schmoren. Ist nach einer gewissen Zeit genug Saft im Topf, sodass der Salbei nicht mehr verbrennen kann, kann er neben das Fleisch gelegt werden.

Den Lauch in 2 cm lange Stücke schneiden und nach 1½ Stunden zum Braten geben. Der Braten ist fertig, wenn man mit einem Messer relativ leicht durch das Fleisch stechen kann, das dauert etwa 2 Stunden. Den Lauch leicht salzen. Das Fleisch dünn aufschneiden und mit dem Bratensaft übergießen. Mit Bratkartoffeln servieren.

Das können Kinder tun: Den Lauch putzen und schneiden.
Haltbarkeit: Man kann den Braten problemlos 2 Tage im Kühlschrank aufbewahren. Oder 2 Monate tiefkühlen.

Zucchini mit köstlicher Fleischfüllung

Doppelrezept: Zucchini mit köstlicher Fleischfüllung und Schweinsnierstückbraten mit Lauch (Seite 220)

Für 4 Portionen

4 Zucchini
Salz
2–3 Scheiben vom übrig gebliebenen Braten
  mit Lauch (siehe vorangehendes Rezept)
100 ml Halbrahm (Sahne)
2 Eier
Pfeffer aus der Mühle
wenig körnige Gemüsebrühe
Parmesan am Stück
Butter in Flöckchen

Den Backofen auf 200 Grad Umluft vorheizen. Die Zucchini längs halbieren und in Salzwasser wenige Minuten vorkochen, aus dem Topf nehmen (das Kochwasser aufbewahren) und etwas aushöhlen.

Den Braten in kleine Stücke schneiden. Die Kräuter und das Fett entfernen und den Braten zusammen mit dem restlichen Lauch und der restlichen Sauce, dem Halbrahm und den aufgeschlagenen Eiern zu einer sämigen Masse pürieren. Mit Salz und Pfeffer abschmecken.

Einen Schöpflöffel voll Zucchini-Kochwasser und einige Krümel körnige Gemüsebrühe in eine Gratinform geben und die Zucchini hineinsetzen. Die Zucchini mit der Fleischmasse füllen, den Parmesan darüberraspeln und einige Butterstücke darauf verteilen. Im Backofen etwa 15 Minuten gratinieren. Dazu passen Nudeln oder Reis.

Das lieben Kinder: Falls Zucchini nicht auf der Gemüse-Favoriten-Liste Ihrer Kinder stehen sollten, füllen Sie einfach Paprikaschoten.
Haltbarkeit: Der Schweinsnierstückbraten ist im Kühlschrank zugedeckt 2 Tage haltbar.

Hülsenfrüchte

Salat aus weißen Riesenbohnen mit Basilikum

Ich liebe weiße Riesenbohnen. Im Geschmack sind sie aromatisch und süß, in der Konsistenz cremig-weich. Da man sie lange kochen muss, bereite ich immer gleich eine ganze Packung zu und friere einige Portionen ein. Mit aufgetauten Bohnen lässt sich eine Minestrone im Handumdrehen in eine nahrhafte Hauptmahlzeit verwandeln.

Für 4 Portionen, die Hälfte der gekochten Bohnen wird eingefroren

400 g getrocknete weiße Riesenbohnen
Salz
1 rote Zwiebel
1 unbehandelte Zitrone
1 große aromatische Tomate
1 Bund Basilikum, Blättchen abgezupft
1 Schuss Rotweinessig
1 Schuss Olivenöl guter Qualität
Pfeffer aus der Mühle

Die Bohnen in eine große Schüssel geben, mit kaltem Wasser etwa eine Handbreit bedecken und über Nacht einweichen lassen. Am nächsten Tag das Einweichwasser abgießen, die Bohnen abspülen und in leicht gesalzenem Wasser sanft köcheln lassen, bis sie weich, aber noch nicht matschig sind. Das dauert 45–60 Minuten. Wenn die Bohnen gar sind, gießt man sie in ein Sieb ab, ganz vorsichtig, damit die Häute nicht verletzt werden.

Unterdessen die Zwiebel in hauchdünne Scheiben schneiden. Die Zitrone heiß abwaschen, abtrocknen und halbieren. Von einer Hälfte die Schale abreiben und beiseitestellen, die ganze Zitrone auspressen. Die Zwiebelscheiben etwa 10 Minuten in Zitronensaft einlegen, das nimmt ihnen die Schärfe. Die Tomate klein hacken.

Die Zwiebelscheiben aus dem Zitronensaft nehmen und mit der Hälfte der Bohnen, der gehackten Tomate und den abgezupften Basilikumblättern vermischen. Einen guten Schuss Rotweinessig – man darf den Essig herausschmecken – und das Olivenöl darübergeben. Mit der Zitronenschale, Salz und genügend Pfeffer würzen. Die restlichen Bohnen portionsweise in Beutel füllen und einfrieren.

Das lieben Kinder: Thunfisch aus der Dose reichert diesen Salat auf eine nette Art an.
Haltbarkeit: Gekochte Bohnen können 3 Monate tiefgekühlt werden, man kann sie noch gefroren in eine Minestrone oder in einen Eintopf geben und 5–10 Minuten mitkochen.

Hummus

Hummus macht aus einem einfachen Abendessen ein perfektes Abendessen. Wir mögen Hummus zu Gegrilltem, zu Ofengemüse oder einfach aufs Brot. Vor allem wenn wir noch welchen im Tiefkühlschrank vorrätig haben.

Für 8–12 Portionen

320 g getrocknete Kichererbsen
½ TL Kreuzkümmel
½ TL Salz
1 Msp. Cayennepfeffer
1 Knoblauchzehe, gehackt
3 EL Tahina (Sesampaste)
150 ml Olivenöl
2–3 EL Zitronensaft
Pfeffer aus der Mühle

Die Kichererbsen über Nacht in viel kaltem Wasser einweichen. Am nächsten Tag das Wasser abschütten und die Kichererbsen mit frischem Wasser bedecken und 45–60 Minuten kochen, bis sie weich sind. Dann abgießen (das Kochwasser auffangen) und abtropfen lassen.

Die abgetropften Kichererbsen mit den Gewürzen, der gehackten Knoblauchzehe, der Sesampaste und einem Schuss Kochwasser in die Küchenmaschine geben und pürieren, bis eine feine Paste entstanden ist. Mit Kochsud verdünnen, bis die gewünschte Konsistenz erreicht ist. Mit Zitronensaft, Salz und Pfeffer abschmecken.

Das schmeckt auch: Eine rote Paprikaschote waschen, die Samen und weißen Teile entfernen und die Paprika so lange unter den Backofengrill legen, bis sich schwarze Flecken auf der Schale bilden. Die Paprika herausnehmen und unter einem feuchten Küchentuch abkühlen lassen. Die Haut abziehen, die Paprika grob hacken und zusammen mit den Zutaten zum Hummus pürieren.
Das lieben Kinder: Falls Ihre Kinder Hummus als Dip oder Brotaufstrich (noch) nicht mögen: Geben Sie ein paar Löffel davon in eine Kürbissuppe. Sehr gesund und sehr lecker.
Haltbarkeit: Hummus lässt sich 3 Monate einfrieren, also beinahe eine ganze Grillsaison lang.

Hülsenfrüchte

Kartoffelcurry mit roten Linsen

Doppelrezept: Kartoffelcurry mit roten Linsen und Kartoffel-Linsen-Suppe mit Wurst (Seite 232)

Wenn es draußen Katzen hagelt, hebt dieses wärmende Gericht sofort die Stimmung. Und weil die meisten Kinder Kartoffeln mögen, eignet es sich zudem hervorragend, um den Nachwuchs mit der aufregenden Welt der Currys bekannt zu machen.

Für 4 Portionen, aus ungefähr einem Drittel des Currys entsteht später die Kartoffel-Linsen-Suppe mit Wurst

750 g festkochende Kartoffeln
200 g Tomaten
1 große Zwiebel
frischer Ingwer, ein daumengroßes Stück
3 Knoblauchzehen
1½ EL Ghee, Butterschmalz oder neutrales Öl
1 Bund Koriander
½ TL Kreuzkümmel

⅓–½ TL grüne Currypaste
wenig körnige Gemüsebrühe
Salz
300 g rote Linsen
1 TL Kurkuma
½ Zitrone, Saft
1 Becher Naturjoghurt

Die Kartoffeln schälen und in etwa 2 cm große Würfel schneiden. Die Tomaten in Stücke schneiden. Die Zwiebel, den Ingwer und den Knoblauch schälen und fein hacken und in einem Topf in Ghee, Butterschmalz oder in neutralem Öl bei mittlerer Hitze anbraten.

Vom Koriander die Blätter abzupfen und beiseitestellen. Die Korianderstängel fein hacken und mit dem Kreuzkümmel und der Currypaste ebenfalls in den Topf geben. Gut umrühren und mitbraten, bis sich der Duft der Gewürze entfaltet. Die Kartoffeln und die gehackten Tomaten dazugeben, einmal umrühren und alles mit Wasser bedecken. Mit etwas körniger Gemüsebrühe und Salz würzen. Bei kleiner Hitze kochen, bis die Kartoffeln weich, aber noch nicht verkocht sind.

In der Zwischenzeit die Linsen in einem Sieb unter fließendem kalten Wasser abspülen und in der doppelten Menge gesalzenem und mit dem Kurkuma gewürzten Wasser etwa 3–5 Minuten sanft köcheln lassen; die Linsen müssen gerade eben weich sein, sollten aber unbedingt noch Biss haben. Abgießen und abtropfen lassen.

Wenn die Kartoffeln weich sind, die abgetropften Linsen zugeben. Falls der Eintopf noch zu dickflüssig ist, etwas Wasser einrühren. Mit Zitronensaft und Salz abschmecken und mit den Korianderblättern bestreut anrichten. Den Joghurt dazu reichen.

Das mögen Kinder: Currypaste muss man sehr vorsichtig dosieren, wenn Kinder mitessen. Ein Trick bei zuviel Schärfe: 1 geschälte rohe Kartoffel, die man einige Minuten mitkocht, absorbiert einen Teil der Schärfe. Auch ein Schuss Rahm (direkt in den Kinderteller) leistet gute Dienste.

Haltbarkeit: Das Curry hält sich 2 Tage im Kühlschrank.

Kartoffel-Linsen-Suppe mit Wurst

Doppelrezept: Kartoffel-Linsen-Suppe mit Wurst und Kartoffelcurry mit roten Linsen (Seite 230)

Einen Eintopf in eine Suppe zu verwandeln, ist eine naheliegende Idee, aber deswegen noch lange keine schlechte. Mit einer rustikalen Wurst und etwas Lauch ergänzt, wird aus dem asiatischen Curry ein komplett neues Gericht.

Für 4 Portionen

1 Saucisse aux Choux
  (Schweinsrohwurst mit Kabis, Westschweizer Spezialität)
150 g Lauch
Salz
Butter
das übrig gebliebene Kartoffelcurry (siehe vorangehendes Rezept)

Die Saucisse aux Choux 45–50 Minuten (oder gemäß Anweisung) knapp unter dem Siedepunkt ziehen lassen. Unterdessen den Lauch in feine Streifen schneiden, mit Salz würzen und bei geschlossenem Deckel 5–10 Minuten in Butter dünsten. Der Lauch sollte noch etwas Biss haben.

Das Kartoffelcurry mit etwa 500 ml Wasser auffüllen und – je nach Konsistenz der Kartoffeln – noch einige Minuten köcheln lassen, bis sich die Kartoffeln mit einem Stampfer zerdrücken lassen (nicht mixen, sonst werden die Kartoffeln schleimig). Eventuell noch etwas Wasser zugeben, bis die Konsistenz der Suppe stimmt, abschmecken. Die Wurst in die Suppe geben und die Lauchstreifen darüberstreuen.

Das schmeckt auch: Eine andere rustikale Wurst verwenden, zum Beispiel eine Waadtländer Saucisson.
Das können Kinder tun: Das Curry mit dem Kartoffelstampfer bearbeiten.
Haltbarkeit: Die Suppe lässt sich (ohne Wurst) 2 Monate tiefkühlen.

Ägyptische Falafel mit Minzejoghurt

Myriam Tripod, Imbiss Badawi, Winterthur

In Myriam Tripods Familie waren die Rollen, was das Kochen angeht, zumindest anfänglich klar verteilt. Während sich die Tochter weder für das Brutzeln noch das Braten erwärmen konnte, stand Sohn Till liebend gerne am Herd. Von der Mutter lernte er die Grundtechniken, etwa wie man ein Stück Fleisch anbrät oder eine Sauce bindet. »Ich habe erklärt«, sagt sie, »und er hat gekocht.« Doch bald sollte der Teenager seine eigenen Vorstellungen entwickeln, er bestand auf extravaganten Gewürzkombinationen und experimentellen Zubereitungstechniken. Myriam Tripod lächelt, wenn sie sich an die hitzigen Mutter-Sohn-Diskussionen erinnert, die das ausgelöst hat.

Mit der Zeit realisierte sie, dass Till in kulinarischen Dingen nicht nur sehr kreativ ist, sondern auch ein ausgesprochen gutes Gespür für das Timing besitzt. »Er hat mehr Talent als ich«, sagt sie, die selbst eine begnadete Köchin ist. »Mit ihm zusammen zu kochen, hat meinen Horizont erweitert.« Dennoch wurden am Schluss die Rollen noch einmal getauscht: Die Mutter redete dem Sohn die Kochlehre aus –»zu hart, ein Hungerlohn«. Und gab kurz darauf ihre Stelle in einer Werbeagentur auf, um auf dem Sulzerareal in Winterthur eine fantastische ägyptische Imbissbude zu eröffnen.

Diese ägyptischen Falafeln werden vorwiegend aus Puffbohnen gemacht. Ich habe sie bereits geschält in einem türkischen Laden gekauft. Sie werden eingeweicht, zu einer Paste verarbeitet und anschließend nur kurz gebacken oder gebraten. Yummie!

Ergibt etwa 8 Portionen, davon kann die Hälfte eingefroren werden

300 g getrocknete und geschälte Puffbohnen
   (auch Favabohnen, Dicke Bohnen, Saubohnen oder Ackerbohnen genannt)
100 g getrocknete Kichererbsen
140 g glatte Petersilie
4 Zwiebeln
5 Knoblauchzehen
1 EL Salz
Erdnussöl zum Backen

Für den Joghurt
etwas frische Pfefferminze
1 Becher griechischer Joghurt
einige Spritzer Zitronensaft, nach Belieben

Die Puffbohnen und die Kichererbsen waschen und über Nacht in der doppelten Menge kaltem Wasser einweichen. Die Petersilie und die Zwiebeln in der Küchenmaschine oder mit einem großen Messer fein hacken.

Am nächsten Tag die Bohnen und die Kichererbsen abgießen und abtropfen lassen und mit den Knoblauchzehen in der Küchenmaschine fein hacken. Das Salz dazugeben und die Masse so lange mit dem Pürierstab bearbeiten, bis sich leicht Bällchen formen lassen. Den Backofen auf 200 Grad Umluft vorheizen.

Ein Blech mit Backpapier auslegen und darauf etwas Erdnussöl geben. Aus der Hälfte der Falafel-Masse Bällchen formen, diese auf das Backblech setzen und durch das Erdnussöl rollen, bis sie vollständig damit benetzt sind. Die Bällchen im vorgeheizten Backofen 15–20 Minuten goldbraun backen. Sie sollen außen knusprig und innen feucht sein.

Unterdessen die Pfefferminze fein hacken und mit dem Joghurt verrühren, eventuell mit etwas Zitronensaft abschmecken. Die Falafeln mit dem Minzejoghurt und Basmatireis servieren. Die restliche Falafel-Masse ebenfalls zu Falafeln formen und auf einem mit Backpapier ausgelegten Blech (ohne Öl) in den Tiefkühlschrank stellen und sie, sobald sie gefroren sind, in einen Beutel umfüllen.

Das lieben Kinder: Etwas leichter und ein bisschen süßlich werden die Falafeln, wenn man 1 Süßkartoffel oder einen Schnitz Kürbis kocht und anschließend mit den Puffbohnen und Kichererbsen püriert.
Tipp: Man kann die Falafeln natürlich auch in der Fritteuse backen oder in der Pfanne braten. Für Letzteres Erdnussöl in eine beschichtete Bratpfanne geben und die Puffbohnenbällchen beidseitig bei mittlerer Hitze 4–6 Minuten braten.
Haltbarkeit: 2 Monate im Tiefkühlschrank. Die gefrorenen Falafeln zum Braten wie oben beschrieben in den Backofen oder in die Bratpfanne geben und sie bei etwas geringerer Hitze einige Minuten länger backen oder braten.

Kinder-Chili

Dieses Chili vereint auf wundersame Weise Dinge, die Kinder mögen (Mais und Fleisch), und solche, die Erwachsene mögen (Bohnen und Chili). Zusammen mit griechischem Joghurt, Limetten, Koriander und Basmatireis serviert ein göttliches Gericht. Davon hat man gerne eine Extraportion auf Vorrat.

Für 8 Portionen, die Hälfte kann eingefroren werden

300 g getrocknete Kidneybohnen
600 g Rinderhackfleisch
Olivenöl zum Anbraten
2 Zwiebeln
2 Knoblauchzehen
2 grüne Paprikaschoten
3 Karotten
2–3 Stangen Staudensellerie
⅓ Chilischote
1 Bund frischer Koriander
¾ EL zerstoßene Koriandersamen
¾ EL Kreuzkümmel
¾ EL mildes Paprikapulver
½ TL Zimt
1 Schuss Rotwein
800 g Dosentomaten (Pelati)
20 g dunkle Schokolade
   (mindestens 60 % Kakaoanteil)
Salz
Pfeffer aus der Mühle, nach Belieben
450–600 g gedämpfte Maiskolben
4 Limettenschnitze zum Servieren
200 g griechischer Naturjoghurt
   zum Servieren

Die getrockneten Kidneybohnen mindestens 6 Stunden oder über Nacht einweichen. Am nächsten Tag abgießen und abtropfen lassen.

Das Hackfleisch in einem großen Topf in Olivenöl portionsweise anbraten und beiseitestellen. Die Zwiebeln klein schneiden, den Knoblauch hacken. Das Gemüse ebenfalls klein schneiden. Die Chilischote entkernen und hacken. Zwiebeln, Knoblauch, Gemüse und Chili in den Topf geben und einige Minuten bei mittlerer Hitze anbraten. Die Korianderblätter bis auf einige zum Servieren klein schneiden und ebenfalls dazugeben. Die restlichen Gewürze unterrühren und warten, bis sie zu duften beginnen. Mit dem Rotwein ablöschen.

Die Bohnen, die Dosentomaten sowie die Schokolade in den Topf geben. Etwa 1½ Stunden bei kleiner Hitze köcheln lassen. Mit Salz und (falls notwendig) mit Pfeffer würzen. Die Maiskörner mit einem Messer vom Kolben schneiden und wenige Minuten vor Ende der Kochzeit ins Chili geben. Das Gericht mit frischem Koriander, Limettenschnitzen und griechischem Joghurt servieren. Dazu passt Basmatireis.

Das schmeckt auch: Schwarze Augenbohnen oder Pintobohnen verwenden.
Das mögen Kinder: Chili schmeckt auch mit frischem Brot oder mit Nudeln, falls Sie mit Basmatireis bei Ihren Kindern nicht punkten können.
Haltbarkeit: Gut verpackt 2 Monate im Tiefkühlschrank.

Baked Potatoes mit Linsen und Lachs

Doppelrezept: Baked Patatoes mit Linsen und Lachs und Linsensalat mit Sellerie, Fenchel und Apfel (Seite 242)

Baked Potatoes kommen bei Kindern immer gut an. Verzichtet man beim Backen auf die Alufolie, werden sie innen weich und außen knusprig. Man kann sie mit den verschiedensten Toppings servieren.

Für 4 Portionen, etwa zwei Drittel der gekochten Linsen kommen später in den Linsensalat (siehe folgendes Rezept)

1 kg größere mehlig kochende Kartoffeln	*Für das Topping*
Olivenöl	190 g saurer Halbrahm (saure Sahne)
Salz	150 g Rahmquark (Sahnequark)
250 g grüne Linsen	Pfeffer aus der Mühle
1 rote Zwiebel	½–1 Zitrone, Saft
½ TL gemahlener Koriander	100 g geräucherter Lachs
½ TL Kreuzkümmel	3 EL frische Pfefferminze, fein gehackt
1 Knoblauchzehe	1 EL Petersilie, fein gehackt

Den Backofen auf 200 Grad Umluft vorheizen. Die Kartoffeln unter fließendem Wasser mit einer Bürste waschen und mit einer Gabel mehrmals einstechen, damit sie im Backofen nicht aufplatzen können. 2 Esslöffel Olivenöl auf ein mit einem Backpapier ausgelegtes Backblech geben und die Kartoffeln darin wenden. Rund herum kräftig salzen. Im Ofen backen, bis man mit einem Messer leicht in die Kartoffeln stechen kann, das dauert bei mittelgroßen Kartoffeln etwa 40 Minuten.

Unterdessen die Linsen kalt abspülen und in der doppelten Menge Salzwasser rund 25 Minuten sanft köcheln lassen. Sie sollten weich sein, aber noch Biss haben. Abgießen und abtropfen lassen. Die Zwiebel hacken und in einer Bratpfanne in Olivenöl sanft anziehen lassen. Koriander und Kreuzkümmel dazugeben und einige Minuten mitrösten. Den Knoblauch hacken und 1–2 Minuten mitbraten. Die Pfanne vom Herd nehmen und die abgetropften Linsen sowie 2 Esslöffel Olivenöl dazugeben, auskühlen lassen.

Den sauren Halbrahm mit dem Rahmquark verrühren und mit Salz, Pfeffer und Zitronensaft würzen. Die Mischung auf 2 Schalen aufteilen. In die eine Schale 100–150 g von der Linsenmischung geben, in die andere den klein geschnittenen Lachs. Die Pfefferminze und die Petersilie miteinander vermischen und entweder direkt in die Saucen geben oder dazu servieren. Die Baked Potatoes mit den beiden Saucen servieren. Dazu passt ein Salat.

Das schmeckt auch: Sehr gut schmeckt auch eine Chili- oder Ratatouillefüllung.
Das lieben Kinder: Ich habe die Linsenmischung auch schon püriert – und siehe da, plötzlich wurde sie gegessen.
Haltbarkeit: Gekochte Linsen halten sich zugedeckt 2 Tage im Kühlschrank

Linsensalat mit Sellerie, Fenchel und Apfel

Doppelrezept: Linsensalat mit Sellerie, Fenchel und Apfel und Baked Potatoes mit Linsen und Lachs (Seite 241)

Dieser Salat kombiniert erdige Linsen mit knackigem Grünzeug. Eine erfrischende Beilage zu Gegrilltem.

Für 4 Personen

1 mittlerer Fenchel
3 Stangen Staudensellerie
1 knackiger Apfel
1 Schalotte oder ½ rote Zwiebel
die übrig gebliebene Linsenmischung
  (siehe vorangehendes Rezept)
3 EL Olivenöl
3–4 EL Rotweinessig
Salz, Pfeffer aus der Mühle
Naturjoghurt oder Sauerrahm (saure Sahne)
  zum Servieren, nach Belieben

Den Fenchel vierteln, den Strunk herausschneiden und den Fenchel mit dem Gemüsehobel oder dem Messer in feine Scheiben schneiden. Den Staudensellerie ebenfalls fein hobeln oder schneiden. Den Apfel vom Kerngehäuse befreien und zuerst in Scheiben, dann in Stifte schneiden. Die Schalotte oder Zwiebel hacken.

Alles zu den übrig gebliebenen Linsen geben und daraus zusammen mit dem Olivenöl und dem Rotweinessig einen Salat anmachen. Man darf den Essig ruhig herausschmecken. Mit Salz und Pfeffer abschmecken. Nach Belieben mit einem Klecks Naturjoghurt oder Sauerrahm servieren.

Das schmeckt auch: Geschmortes Gemüse, etwa Karotten, Frühlingszwiebeln und Zucchini, unter die Linsen mischen. Oder rohe, aromatische Cherrytomaten und eine rote Paprikaschote.
Das lieben Kinder: Etwas Räucherlachs oder Thunfisch auf dem Salat.
Haltbarkeit: Gekochte Linsen kann man zugedeckt problemlos 2 Tage im Kühlschrank aufbewahren.

Süßes

Sauerrahmeis mit Limette

Ich liebe dieses Eis, weil ihm Sauerrahm und Limette eine erfrischende Säure geben, die so wunderbar zum Sommer passt. Und meine Kinder lieben es, weil es köstlich süß und sahnig ist.

Ergibt etwa 700 ml

1 unbehandelte Limette
400 g saurer Halbrahm (saure Sahne)
100 ml Rahm (Sahne)
110 g feinster Zucker

Die Limette heiß abwaschen. Von einer Hälfte die Schale abreiben, die ganze Limette auspressen. Limettenschale und -saft mit den restlichen Zutaten mit dem Mixer gut vermischen.

Die Masse in die Eismaschine geben und gefrieren lassen. Oder in ein flaches Gefäß geben (damit die Masse möglichst schnell gefriert) und während des Gefrierprozesses einige Male mit dem Schwingbesen oder mit einer Gabel umrühren, damit die Eiskristalle klein bleiben.

Das schmeckt auch: Mangoeis erhält man, wenn man die Limette durch 1 pürierte Mango ersetzt. Für ein leckeres Orangeneis nimmt man 250 g Vollmilchjoghurt, 250 ml Rahm (Sahne), 130 g feinsten Zucker und den Saft von 1 Orange. In diesem Fall kann man auch normalen Kristallzucker verwenden und ihn so lange mit dem Orangensaft verrühren, bis er sich aufgelöst hat.
Das lieben Kinder: Die Eismaschine in Gang setzen. Oder das Eis in Lolliformen füllen.
Haltbarkeit: Selbst gemachtes Eis (ohne Ei) ist 1 Monat im Tiefkühlschrank haltbar.

Fior di Latte con cioccolata

Diese Kombination von Milch, Mascarpone und Schokolade ist schlicht unwiderstehlich.

Ergibt 1 Liter

200 ml Vollrahm (Sahne)
110 g Puderzucker
300 ml Milch
150 g Mascarpone
50 g schwarze Schokolade (60% Kakaoanteil)

Den Rahm mit dem Puderzucker halb steif schlagen. Die Milch und den Mascarpone dazugeben und mit dem Mixer weiterschlagen, bis alles gut gemischt ist.

Alles in die Eismaschine geben. Die Schokolade mit dem Kartoffelschäler raspeln und gegen Ende des Gefrierprozesses beifügen.

Tipp: Man kann das Eis natürlich auch ohne Eismaschine herstellen. In diesem Fall die Eismasse mitsamt der geraspelten Schokolade in einen flachen Behälter füllen und ins Tiefkühlfach stellen. Nach etwa 1 Stunde mit einem Schwingbesen oder einer Gabel gut durchrühren, nach 1 weiteren Stunde noch einmal rühren, damit die Eiskristalle klein bleiben.
Haltbarkeit: Selbst gemachtes Eis (ohne Ei) ist 1 Monat im Tiefkühlschrank haltbar.

Frozen Joghurt

Die Idee für diesen Frozen Joghurt entstand während unseres Sommerurlaubs auf Korsika. Weil ich zu viele Aprikosen eingekauft hatte, kochte ich die Früchte zu Kompott und fabrizierte daraus Eiswürfel. Diese brauchten wir dann nur noch in einen Becher Joghurt plumpsen zu lassen, und schon hatten wir einen herrlich erfrischenden Frozen Joghurt. Und eine gute Alternative zum sommerlichen Eis-Zwang.

Für 1 Eiswürfelbehälter

6 große, reife Aprikosen
1 Vanilleschote
3–4 EL Rohzucker, je nach Süße der Aprikosen
griechischer Naturjoghurt zum Servieren

Die Früchte entsteinen und in Stücke schneiden. Mit der aufgeschlitzten Vanilleschote, 2–3 Esslöffeln Wasser und dem Rohzucker zu Kompott kochen. Das Kompott muss ziemlich süß schmecken, da es ja später mit dem säuerlichen Joghurt gemischt wird.

Erkalten lassen, das Mark der Vanilleschote auskratzen und zum Kompott geben, die Schote entfernen. Das Kompott pürieren, in einen Eiswürfelbehälter füllen und tiefkühlen.

Für eine Portion 3–4 gefrorene Fruchtwürfel auf etwa ¾ Becher griechischem Naturjoghurt servieren. Vor dem Servieren 5 Minuten stehen lassen, damit die Eiswürfel etwas antauen können. Gut umrühren.

Mit Himbeeren
180 g Himbeeren
2½ Päckchen Vanillezucker
griechischer Naturjoghurt zum Servieren

Die Himbeeren mit dem Vanillezucker pürieren. Das Püree durch ein Sieb streichen, um die Kerne zu entfernen. Wie oben beschrieben weiterverfahren.

Mit Brombeeren
170 g Brombeeren
2½ EL Ahornsirup
griechischer Naturjoghurt zum Servieren

Die Brombeeren mit dem Ahornsirup pürieren. Wie oben beschrieben weiterverfahren.

Das schmeckt auch: Diese Frozen Joghurts lassen sich beliebig variieren, Mango und Limettensaft zum Beispiel dürften auch einen Versuch wert sein.
Tipp: Aus dem süßen Zwischendurch-Snack wird ein richtiges Dessert, wenn man einen Teil des Joghurts durch geschlagenen Rahm ersetzt.
Das können Kinder tun: Die Eiswürfel mit dem Joghurt vermischen.
Haltbarkeit: Früchtekompott ist tiefgekühlt etwa 6 Monate haltbar.

Ice-Tea-Sirup

Von Mathias Wirth, Sirupier de Berne, Bern

Nein, nein, sein Sohn Robin (12) könne nicht den ganzen Tag Sirup trinken, nur weil sein Vater »der Sirupier« sei, wehrt Mathias Wirth ab. Zwar nehme er öfter eine Flasche zum Probieren mit nach Hause oder um sie den Nachbarn zu schenken. »Aber Kinder sollten nicht nur Sirup trinken«, sagt er, »wegen dem Zucker.« Mischt man Sirup im Verhältnis 1:5 mit Wasser, enthält er etwa gleich viel Zucker wie gezuckerte Limonade. Dann ist er also auch genauso ungesund wie gekaufte Limonade? Nein, widerspricht Wirth energisch: »Meinen Sirup kann man selbst dosieren, er schmeckt auch noch in einer stärkeren Verdünnung gut. Und es sind mit Sicherheit keine künstlichen Aromen drin, dafür jede Menge selbst gepresste Säfte und getrocknete Kräuter.« Außerdem, fügt er noch an, sei Sirup ökologischer, »eine einzige Flasche ergibt bis zu zehn Liter Getränk.«

Für dieses Buch hat der Sirupier de Berne ein einfaches Rezept für selbst gemachten Ice-Tea-Sirup entwickelt. Das Schöne daran: Das »Rezept« ist eigentlich eine Anleitung zum Experimentieren. Verschiedene Tees werden mit einer heißen Wasser-Zucker-Lösung aufgegossen. So lassen sich ohne großen Aufwand gleichzeitig verschiedene Sirupsorten herstellen. »Ich wünsche mir, dass die Menschen beim Kochen wieder ein bisschen mutiger werden«, sagt Wirth, der auch schon gefragt worden ist, ob sich sein Sirup denn auch heiß trinken ließe.

Ich habe mit Schwarz- und Früchtetee experimentiert, und das Resultat war auf Anhieb überzeugend: »Schmeckt wie der Ice-Tea vom Kiosk!«, meinten unsere Kinder. Was natürlich eine Untertreibung ist: Dieser Sirup schmeckt viel besser.

Ergibt 3 Liter- oder 6 Halbliterflaschen

3 × 300 ml Tee, zum Beispiel Schwarztee, Früchtetee, Kräutertee, Grüntee, Hibiskusblüten-Tee etc.
1–2 Zitronen oder 2–3 Limetten oder beides gemischt
ca. 100 g Zitronensäure (aus der Apotheke)
3 kg Zucker

Außerdem
3 Liter- oder 6 Halbliterflaschen mit Deckelverschluss

Zuerst werden 3 verschiedene Teeauszüge vorbereitet: Für jeden Liter fertigen Sirup braucht es 300 ml Tee. Werden also 300 ml Schwarztee, 300 ml Früchtetee und 300 ml Kräutertee zubereitet, so ergibt das pro Geschmacksrichtung 1 Liter fertigen Sirup. Der Tee wird ziemlich stark zubereitet, damit der Geschmack intensiv genug wird: 2 gehäufte Esslöffel Teekräuter von jeder Teesorte mit je 300 ml heißem Wasser übergießen und den Tee 3 Minuten ziehen lassen, bevor er abgeseiht wird.

Nun gibt man in jeden Teeauszug den Saft von ½ Zitrone oder 1 ganzen Limette. Danach in jeden Auszug 25 g Zitronensäure geben und rühren, bis sie sich aufgelöst hat. Die 3 Teeauszüge mit einem Trichter in je 1 Literflasche füllen (oder auf je 2 Halbliterflaschen aufteilen).

Für die Zuckerlösung in einem großen Topf 1 l Wasser erhitzen, den Zucker beigeben und rühren, bis er sich vollständig aufgelöst hat. Die Flaschen randvoll mit der kochend heißen Zuckerlösung auffüllen.

Jeden Sirup (mit Wasser verdünnt) probieren – falls die Säure noch zu wenig durchkommt, mit noch etwas Zitronensäure abschmecken. Dazu wenig Zitronensäure direkt in die Flasche rieseln lassen und die Flasche schwenken, bis sich die Zitronensäure aufgelöst hat, und noch einmal probieren. Hier ist rasches Arbeiten gefragt, der Sirup muss noch heiß sein, wenn er verschlossen wird.

Stimmt der Geschmack, die Flaschen noch einmal randvoll mit Zuckerlösung auffüllen und verschließen. Falls noch Zuckerlösung übrig bleiben sollte – gleich noch eine neue Sirupkreation wagen.

Das schmeckt auch: Anstatt Tee kann auch Fruchtsaft zum Aromatisieren des Sirups verwendet werden, zum Beispiel Beerensaft.

Tipp: Im Laufe der Zeit können im Sirup kleinste Partikel sichtbar werden, dabei handelt es sich um eine ungefährliche Kältetrübung. Nur wenn sich auf der Oberfläche des Sirups eine weiße, deckelartige Schicht bildet, handelt es sich um Schimmel. In diesem Fall darf der Sirup nicht mehr getrunken werden.

Das können Kinder tun: Weil das Arbeiten mit heißem Zuckersirup gefährlich ist, sollten Kinder besser nur beim Degustieren und Abschmecken helfen.

Haltbarkeit: Mindestens 1 Jahr.

Prune

Sirop préparé à base de:
sucre, jus de prune (34%)
Acidifiant: acide citrique

Contenu:
7dl de sirop
à diluer

Mélange forestier

Aspérule

Coing

Sirop préparé à base de:
sucre, jus de coing (34%)

Sirop de citron

Rhub

Sirop prépa
sucre, jus de rh
Acidifiant: ac

Fruits de la ferme

Gingembre-pomme

Citr

Apfel-Brombeeren-Auflauf mit Streuseln

Äpfel und Brombeeren sind eine königliche Kombination. Die Krönung dieses Auflaufs aber sind die knusprigen Haferflockenstreusel.

Für 4 Portionen, die Hälfte der Streusel kann eingefroren werden

Für den Auflauf
5 Äpfel, zum Beispiel Gravensteiner oder Boskop
250 g Brombeeren
Butter für die Form

Für die Streusel
90 g feiner Rohzucker
100 g Kokosraspel
100 g Mehl
200 g kalte Butter
150 g grobe Haferflocken

Den Backofen auf 200 Grad vorheizen. Die Äpfel schälen, das Kerngehäuse entfernen und die Äpfel in Spalten schneiden. Die Apfelspalten in eine gebutterte Gratinform schichten, die Brombeeren darüber verteilen und 100 ml Wasser darübergießen. Die Apfel-Brombeeren-Mischung 10 Minuten im vorgeheizten Backofen vorgaren.

In der Zwischenzeit den Rohzucker, die Kokosraspel und das Mehl mischen. Die kalte Butter in kleine Stücke schneiden und rasch von Hand mit der Kokos-Mehl-Mischung zerreiben. Am Schluss die Haferflocken – ebenfalls von Hand – untermischen und den Teig zu Streuseln formen. Die Streusel für einige Minuten in den Kühlschrank stellen, damit sie etwas fester werden.

Wenn die 10 Minuten Backzeit um sind, die Hälfte der Streusel über dem Auflauf verteilen und den Auflauf goldbraun überbacken, das dauert vielleicht noch 15 Minuten. Lauwarm und nach Belieben mit geschlagenem Rahm servieren. Den Rest der Streusel möglichst flach und locker in einen Beutel füllen, damit die Streusel auch in gefrorenem Zustand auseinandergebrochen werden können, und einfrieren.

Das schmeckt auch: Die Streusel machen sich auch auf einer Fruchtwähe gut.
Das können Kinder tun: Die Äpfel putzen und schneiden.
Tipp: Geben Sie etwas Zitronensaft zu den Äpfeln, wenn Sie eine süßliche Sorte verwenden. Sind die Äpfel sehr sauer, hilft 1 Esslöffel Zucker.
Haltbarkeit: Die Streusel können 2 Monate im Tiefkühlschrank aufbewahrt werden. Noch gefroren oder aufgetaut verwenden.

Erdbeertorte mit Karamell

Ergibt 2 Mürbeteigböden, die Hälfte des Teigs kann eingefroren werden

Für den Teig
500 g Mehl
190 g Zucker
1 Päckchen Vanillezucker
1 Prise Salz
250 g kalte Butter
4 Eigelb
4 EL kaltes Wasser

Für den Belag (für 1 Torte)
100 ml Halbrahm (Sahne)
170 g Mascarpone
2 Päckchen Vanillezucker
8–10 g Puderzucker
½ unbehandelte Zitrone, abgeriebene Schale und 1–2 TL Saft
400 g Erdbeeren guter Qualität
1 Handvoll Himbeeren
3 EL Zucker

Für den Teig Mehl, Zucker, Vanillezucker und Salz in einer Schüssel mischen. Die kalte Butter in Stücke schneiden, dazugeben und alles mit den Fingern fein verreiben. Die verquirlten Eigelbe und das Wasser beifügen und alles rasch zu einem Teig verarbeiten. Nicht kneten, sonst wird der Teig zäh. Den Mürbeteig halbieren und beide Hälften jeweils zu einer dicken Rolle formen. Die eine Rolle gut verpacken und tiefkühlen, die andere in Frischhaltefolie wickeln und im Kühlschrank 1 Stunde ruhen lassen.

Den Teig etwa ½ cm dick ausrollen und eine gebutterte und bemehlte Springform von 24 cm Durchmesser damit auslegen. Einen kleinen Rand formen. Den Teigboden dicht mit einer Gabel einstechen. Den Backofen auf 190 Grad vorheizen. Den Teigboden mit Backpapier belegen und mit Hülsenfrüchten beschweren. In der unteren Hälfte des vorgeheizten Ofens 10 Minuten blind backen, dann das Backpapier und die Hülsenfrüchte entfernen und den Teigboden etwa 5 Minuten fertig backen.

Für den Belag zuerst den Halbrahm beinahe steif schlagen, dann Mascarpone, Vanillezucker, Puderzucker sowie Zitronenschale und -saft dazugeben und weiterschlagen, bis eine glatte, steife Creme entstanden ist. Die Creme auf dem vollständig ausgekühlten Mürbeteigboden verstreichen.

Die Erdbeeren halbieren und auf der Creme verteilen, die Himbeeren darüberstreuen. Den Zucker in einer beschichteten Bratpfanne verteilen und bei mittlerer bis großer Hitze schmelzen lassen. Nicht umrühren, bis der Zucker geschmolzen und gebräunt ist. Den karamellisierten Zucker langsam über die Früchte gießen.

Das schmeckt auch: Die Torte mit Brombeeren und Heidelbeeren oder mit reifen Nektarinen, Pfirsichen oder Aprikosen belegen. Mit diesem Mürbeteigboden lassen sich auch herrliche Quarktorten zubereiten.
Das lieben Kinder: Zuschauen, wie der karamellisierte Zucker zu langen Fäden erstarrt.
Das können Kinder tun: Die Früchte auf der Torte anordnen.
Haltbarkeit: Der Mürbeteig hält sich 2 Monate im Tiefkühlschrank.

Das Megathema Zucker

Viele Kinder sind so gierig auf Süßigkeiten, dass man meinen könnte, sie wären zuckersüchtig. Die Kinderärztin Dagmar l'Allemand therapiert seit vielen Jahren übergewichtige Kinder. Sie sagt: Ja, Zucker macht süchtig. Insbesondere wenn er häufig und in großen Mengen gegessen wird.

Dagmar l'Allemand, sind Kinder von Natur aus so erpicht auf Süßes?
Dagmar l'Allemand: Das ist tatsächlich so. Wenn wir Babys, die bis zu diesem Zeitpunkt nur Muttermilch getrunken haben, während einer medizinischen Behandlung beruhigen müssen, geben wir ihnen etwas Zuckerwasser, davon werden sie sofort ruhig. Zucker erfüllt ein tiefes menschliches Bedürfnis, er macht uns zufrieden. Wir brauchen Süßes, und es wäre falsch, wenn man Zucker komplett verteufeln würde. Es ist eine Frage des Maßes.

Ich habe den Eindruck, dass Kinder diesbezüglich sehr maßlos sind. Woher kommt diese Gier?
Der Zucker ist ein Bedürfnis, keine unstillbare Gier. Wenn man bereits satt ist, braucht es nicht viel Süßes, bis sich neben dem Gefühl der Sättigung auch noch ein Gefühl der Zufriedenheit einstellt. Die Sucht nach Zucker entsteht erst, wenn man ihn in großen Mengen und in Kombination mit Fett isst und wenn man zudem bereits übergewichtig ist.

Ist Zucker eine Droge?
Für Übergewichtige auf jeden Fall, denn sie brauchen immer höhere Dosen, bis die Glücksgefühle ausgeschüttet werden. In Tierversuchen konnte gezeigt werden, dass Ratten, die man mit Zucker füttert, gierig werden. Als man ihnen den Zucker wegnahm, zeigten sie Entzugserscheinungen, die man sonst nur von Drogensüchtigen kennt: Zittern, Angst, Unruhe, Verhaltensstörungen und Antriebslosigkeit. Die Bereiche ihrer Gehirne, in denen körpereigene Beruhigungs- und Glücksstoffe ausgeschüttet werden, hatten sich ähnlich wie bei Kokain- und Heroinsüchtigen verändert. Erste Untersuchungen am Menschen bestätigen diese Ergebnisse.

Wie richtet Zucker Schaden an?
Er macht nicht satt, hat aber zur Folge, dass eine Menge Insulin ausgeschüttet wird, was wiederum dazu führt, dass dem Blut zu viel Blutzucker entzogen wird und der Blutzuckerspiegel zu stark absinkt. Dieses Absinken von einem hohen auf einen tiefen Blutzuckerspiegel verursacht dann die bekannten Heißhungerattacken: Wir essen übermäßig viel, womöglich wiederum Fett und Zucker. Isst man Süßes aber zusammen mit anderen Nahrungsmitteln, wird das Insulin deutlich langsamer ausgeschüttet. Deshalb ist Zucker nichts für Snacks oder den kleinen Imbiss zwischendurch.

Das heißt aber auch: Das tägliche Dessert ist nicht so schlimm.
Nein, das macht sogar Sinn. Wenn man Zucker als Dessert zu sich nimmt, dann hat der Körper schon Fett, Eiweiß und Ballaststoffe erhalten, und es kommt nicht zu diesen Insulinschwankungen, die das Hunger- und Suchtgefühl ausmachen. Wir empfehlen

auch unseren übergewichtigen Kindern, einmal am Tag ein kleines Dessert zu essen.

Gemäß den Empfehlungen des Schweizerischen Bundesamtes für Gesundheit sollten vier- bis neunjährige Kinder pro Tag höchstens eine Reihe Schokolade oder drei Stück Petit-Beurre-Kekse oder eine kleine Eiskugel oder 1 Glas Süßgetränk zu sich nehmen. Diese Mengen hat man schnell überschritten.

Wenn man abnehmen will, liegt nicht mehr drin. Aber es gibt auch Kinder, die etwas mehr Zucker brauchen, zum Beispiel weil sie sich viel bewegen. Solange sie gesund sind und keine Karies haben, muss man das nicht aufs Gramm genau abwägen.

Nur 17 % des Zuckers wird heute noch zum Kochen verwendet, den Rest nehmen wir über Süßigkeiten, Getränke und Backwaren zu uns. Sind das selbst gemachte Ketchup, eine Prise Zucker in der Salatsauce und süßer Balsamicoessig also kein Problem?

Das ist kein Problem. Viele industriell gefertigte Lebensmittel enthalten sehr viel mehr Zucker.

Sind künstliche Süßstoffe eine Alternative?

Nein. Gewisse Süßstoffe sind an sich problematisch, Sucralose und Acesulfam etwa, die in Süßgetränken verwendet werden, schütten im Magen ein Hormon aus, das hungrig macht. Deshalb wurde diese Substanz auch in der Schweinemast eingesetzt. Sorbitol kann Durchfall verursachen. Der Hauptgrund ist aber: Süßstoffen, das gilt auch für das pflanzliche Stevia, fehlt die beruhigende Wirkung des Zuckers. Deshalb bleibt das Bedürfnis, etwas zu essen, was einem guttut.

Künstlich gesüßte Kaugummis schaden immerhin den Zähnen nicht.

Wenn man bloß zwei bis drei am Tag kaut, muss man sich wegen des künstlichen Süßstoffs bestimmt keine Sorgen machen.

> Wenn es klare Regeln gibt und die Sachen teuer genug sind, dann geht der Konsum zurück.

Zurück zum richtigen Zucker: Wenn ich am Morgen im Zug sitze, habe ich den Eindruck, dass sich bei jungen Erwachsenen der Energydrink als Frühstücksgetränk durchgesetzt hat.

Oh ja. Mein Sohn trinkt so was auch. Ich halte es für perfide, dass man die Menschen einerseits ständig dazu auffordert, gesünder zu leben, und den Jugendlichen andererseits diese Energydrinks zu Billigstpreisen hinterherschmeißt, obwohl man weiß, dass sie wahre Chemikaliencocktails sind und süchtig machen.

Für meinen neun Jahre alten Sohn ist Ice-Tea trinken der Inbegriff von Jugendlich-Sein. Warum haben Süßgetränke bei Jugendlichen einen so enormen Stellenwert?

Das hat mit dem Image zu tun, der Gruppendruck ist groß. Ich sage den übergewichtigen Jugendlichen jeweils: Ihr werdet immer dicker – und diese Konzerne lachen sich ins Fäustchen, weil ihr sie immer reicher macht! Wollt ihr das wirklich?

Die Stiftung für Gesundheitsförderung Schweiz verfasste 2012 einen Bericht, in dem sie Süßgetränke stark kritisierte. Sie forderte ein Foodlabeling, das vor Kalorienbomben warnt, weniger Werbung für Zuckerhaltiges und eine Steuer auf süßen Getränken ähnlich wie beim Alkohol. Was halten Sie von diesen Forderungen?

Die finde ich goldrichtig. Solche Maßnahmen werden derzeit in vielen Ländern diskutiert und umgesetzt. Wenn es klare Regeln gibt und die Sachen teuer genug sind, dann geht der Konsum zurück. Das war beim Nikotin ja auch der Fall.

Die Forderungen haben derzeit keine Chance, sie mussten auf Druck der Getränkelobby sogar vom Netz genommen werden. Kuscht die Gesundheitsförderung vor der Getränkelobby?

Ich erschrak, als ich davon hörte. Der Lobbyismus ist offensichtlich doch sehr stark ausgeprägt. Als Deutsche bewundere ich an der

Schweiz ja grundsätzlich, dass die persönliche Freiheit hier so hochgehalten wird, aber das sind eben die Schattenseiten. Was ist wichtiger, die persönliche Freiheit oder die Gesundheit? Als Kinderärztin bin ich hier parteiisch.

Welche gesundheitlichen Probleme haben die Kinder, die Sie therapieren? Diabetes?

Diabetes im Zusammenhang mit Zucker ist vor allem in den USA ein Problem, weil Schwarze und Indios genetisch ein größeres Risiko haben, daran zu erkranken. Hierzulande verursacht übertriebener Zuckerkonsum eher hohen Blutdruck, Übergewicht und Leberverfettung. Weitere Stoffwechselkrankheiten sind die Folge. Übergewichtige haben auch ein größeres Risiko, an Krebs zu erkranken. Etwa die Hälfte der Kinder, die wir therapieren, hat auch psychische Probleme. Oft sind auch ihre Eltern übergewichtig und psychisch krank, was sie jedoch häufig nicht wahrhaben wollen. Das ist tragisch, weil wir die Kinder nur behandeln können, wenn auch die Eltern mitmachen.

Wie essen diese Kinder?

Viele übergewichtige Kinder kommen aus sozial schwachen Familien und essen nicht geregelt. Manche Mütter meinen, sie tun ihren Kindern etwas Gutes, wenn sie ihnen Weißbrot und Süßgetränke geben, Dinge, die Kindern schmecken und die die Mütter selbst früher nicht bekommen haben. Viele Eltern kochen nicht oder nur selten, jeder isst für sich, direkt aus dem Kühlschrank, aus der Schachtel, zum Teil wird nicht einmal Besteck verwendet. Zwischendurch gibt's gesüßte Getränke. Die Tücken liegen in den Details. Und die sind trivial.

Gibt es nicht einen Hoffnungsschimmer? Die Zahl der übergewichtigen Kinder hat sich in der Schweiz doch stabilisiert?

Nein, da macht man sich etwas vor. Die extrem übergewichtigen Kinder haben statistisch gesehen kein Gewicht verloren oder sogar noch zugenommen. Der Body-Maß-Index (BMI) ist als Index für leichtes Übergewicht ungeeignet, weil er eine Aussage über die gesamte Körpermasse macht, nicht nur über die Fettmasse. Es gibt heute übergewichtige Kinder, die einen normalen BMI haben, weil sie weniger Muskeln haben, was davon kommt, dass sie sich weniger bewegen. Vermutlich sind die Zuwachsraten bei der Fettleibigkeit etwas gebremst, weil die Kampagnen für eine gesunde Zwischenverpflegung in den Schulen wirklich etwas bringen. Ganz im Gegensatz zu den äußerst kostspieligen Plakatkampagnen. Diese erreichen die extrem Übergewichtigen nicht, das ist wissenschaftlich bewiesen. Wenn man schaut, wie viel Geld investiert wird, um Übergewicht zu bekämpfen, muss man leider sagen: Der Erfolg ist erbärmlich klein.

Sie haben selbst Kinder. Wie gehen Sie mit der süßen Versuchung um?

Süßes ist bei uns kein Tabu, aber ich achte darauf, dass ich nicht allzu viel davon einkaufe. Je kleiner das Angebot, desto weniger wird gegessen. Als meine Kinder noch jünger waren, habe ich die Schokolade zuoberst im Schrank verstaut, damit sie nicht so leicht verfügbar war. Aber das hat nur bedingt etwas genützt: Es kam tatsächlich vor, dass sie sich die Leiter holten, um an die Sachen heranzukommen.

> Viele Eltern kochen nicht oder nur selten, jeder isst für sich, direkt aus dem Kühlschrank, aus der Schachtel, zum Teil wird nicht einmal Besteck verwendet.

Die Hormon- und Übergewichtsspezialistin Dagmar l'Allemand behandelt am Kinderspital St. Gallen übergewichtige Kinder. Seit 2008 leitet sie die Evaluation des Nationalen BAG-Projektes zur Adipositastherapie im Kindesalter »Kidsstep« und ist Vorstandsmitglied des Fachverbandes Adipositas im Kindes- und Jugendalter.

Zimt-Kardamom-Schnecken

Ergibt ein Muffinblech voll Schnecken und ein paar dazu, ein Teil kann eingefroren werden

300 ml Milch
140 g Butter
120 g Zucker
½ TL Salz
40 g frische Hefe
1 Ei
550 g Weißmehl (Type 405)
1 TL schwarze Kardamomsamen, fein zerstoßen

120 g brauner Zucker
3 TL Zimt
100 g weiche Butter
60 g Walnüsse, grob gehackt

Zum Bestreichen
1 Ei
2 EL Birnel (Birnendicksaft)

Für den Teig etwa die Hälfte der Milch in einem kleinen Topf erwärmen und die Butter darin schmelzen. Den Zucker und das Salz dazugeben. Die Mischung in eine große Schüssel geben, den Rest der Milch dazugießen. Wenn die Mischung nicht mehr wärmer als handwarm ist, die Hefe hineinbröckeln und darin auflösen. Das Ei zugeben und alles gut verrühren. Nach und nach das Mehl dazugeben und einige Minuten kneten, bis ein glatter Teig entstanden ist. In einer zugedeckten Schüssel an einem warmen Ort etwa 1 Stunde um das Doppelte aufgehen lassen.

Danach den Teig rechteckig etwa 1 cm dick ausrollen. Den Backofen auf 200 Grad vorheizen. Für die Füllung die Kardamomsamen in einem Mörser fein zerreiben und mit dem braunen Zucker und dem Zimt mischen. Den Hefeteig gleichmäßig mit der weichen Butter bestreichen. Die Zucker-Kardamom-Zimt-Mischung und die gehackten Baumnüsse darüber verteilen.

Den Teig von der langen Seite her bis zur Mitte aufrollen und die so entstandene Rolle mit einem Messer abschneiden. Die andere Teighälfte ebenso aufrollen.

Nun mit einem scharfen Messer etwa 3 cm dicke Scheiben abschneiden. Diese zuerst in Papierförmchen (so kann die Butter nicht auslaufen) und dann in ein Muffinblech legen, mit verquirltem Ei bestreichen und in der Mitte des vorgeheizten Backofens 15–20 Minuten backen.

Den Birnendicksaft mit etwas Wasser verdünnen und die noch warmen Schnecken damit bestreichen. Was nicht sofort gegessen wird, kann nach dem vollständigen Auskühlen in einen Beutel verpackt und eingefroren werden.

Das schmeckt auch: Der Kardamom kann auch weggelassen werden.
Das können Kinder tun: Den Teig mit der Füllung bestreichen und mit den gehackten Nüssen bestreuen, die Rollen wickeln und Schnecken abschneiden.
Haltbarkeit: Die Hefeschnecken lassen sich gut verpackt etwa 6 Wochen tiefkühlen. Nach dem Auftauen am besten noch einmal kurz aufbacken.

Haferflockenkekse

Mein Cousin und ich hätten geschworen: Unsere Großmutter hat die besten Haferflockenkekse der Welt gebacken. Doch als ich diese nach dem überlieferten Rezept gebacken hatte, schmeckten sie eher nach Kraftnahrung denn nach Weihnachten. Nach einigem Tüfteln gelang mir diese Version. Ich glaube, sie kommt den Keksen in meiner Erinnerung ziemlich nahe.

Ergibt rund 80 Stück oder 3 große Bleche, ein Teil des Teigs kann eingefroren werden

220 g zimmerwarme Butter
190 g Zucker
2 Eier
150 g Mehl
100 g gemahlene Mandeln
1 Prise Salz

½ Päckchen Backpulver
200 g Haferflocken

Für die Zitronenglasur (für 1–2 Bleche)
5–6 TL Zitronensaft
60 g Puderzucker

Den Backofen auf 190 Grad vorheizen. Die zimmerwarme Butter mit dem Zucker und den Eiern schaumig rühren. Mehl, gemahlene Mandeln, Salz, Backpulver und die Haferflocken in einer separaten Schüssel vermischen und unter die Butter-Ei-Mischung ziehen.

Mit einem Teelöffel aus dem Teig runde Häufchen auf ein mit Backpapier ausgelegtes Blech setzen. Die Kekse in der Mitte des vorgeheizten Backofens 12–15 Minuten backen, bis sie eine goldbraune Farbe angenommen haben.

Für die Glasur zuerst 3 Teelöffel Zitronensaft zum Puderzucker geben und gut verrühren, dann den restlichen Zitronensaft teelöffelweise zugeben, bis eine dickflüssige Glasur entstanden ist, die in einem dünnen Strahl vom Löffel fließt.

Die Glasur in einen Spritzbeutel füllen und ein gitterartiges Muster auf die Kekse zeichnen. Den restlichen Teig wie oben beschrieben in runden Häufchen auf ein mit Backpapier belegtes Blech setzen und in den Tiefkühlschrank stellen. Sobald die Teiglinge gefroren sind, kann man sie in einen Tiefkühlbeutel umfüllen.

Das können Kinder tun: Den Teig mit dem Teelöffel aufs Blech setzen und die Kekse nach dem Backen glasieren.
Haltbarkeit: Weil die Kekse am besten frisch schmecken, lohnt es sich, den Teig portionsweise einzufrieren und zu backen. Der Teig ist im Tiefkühlschrank 4–6 Wochen haltbar. Die gefrorenen, geformten Kekse aufs Blech setzen, bei Zimmertemperatur ½ Stunde auftauen lassen und wie oben beschrieben backen. Das vollständig ausgekühlte Gebäck in einer Blechdose aufbewahren und den Deckel einen Spalt geöffnet lassen, damit es nicht weich wird.

Die besten Chocolate-Chip-Cookies

Diese Cookies schmecken herrlich schokoladig und angenehm herb. Das letzte Mal habe ich sie für eine Freundin und ihre vier Kinder gebacken. Die Cookies haben keine fünf Minuten überlebt.

Ergibt 2 Backbleche, 1 Teigrolle kann eingefroren werden

300 g Mehl
50 g feine Haferflocken
10 g Natron
50 g Kakaopulver
250 g weiche Butter
200 g Rohzucker
2 Eier
1½ TL Fleur de Sel
2 Vanilleschoten, ausgekratztes Mark
120 g ganze Haselnüsse guter Qualität
200 g schwarze Schokolade (64 % Kakaoanteil)
100 g schwarze Schokolade (72 % Kakaoanteil)

Das Mehl, die Haferflocken, das Natron und das Kakaopulver in einer Schüssel gründlich vermischen. Die weiche Butter mit dem Zucker, den Eiern, dem Fleur de Sel und dem Vanillemark schaumig schlagen.

Die Nüsse und die Schokolade mit einem großen Küchenmesser grob hacken und unter die Butter-Zucker-Masse heben. Die Mehlmischung zugeben und das Ganze ohne zu kneten zu einem Teig zusammenfügen.

Je eine Hälfte des Teigs auf ein großes Stück Klarsichtfolie geben und direkt in der Folie eine Rolle von 4–5 cm Durchmesser formen. 1 Rolle in Alufolie verpacken und tiefkühlen, die andere mindestens 30 Minuten im Kühlschrank fest werden lassen und danach mit einem scharfen Messer in etwa 1 cm dicke Scheiben schneiden. Den Backofen auf 180 Grad vorheizen.

Die Cookies mit etwas Abstand auf ein mit Backpapier belegtes Blech setzen und im vorgeheizten Backofen 9–10 Minuten backen. Die Cookies müssen noch weich sein, wenn man sie aus dem Backofen nimmt. Auf einem Gitter auskühlen lassen.

Das können Kinder tun: In der Schüssel rühren und den Teig probieren.
Tipp: Ich lasse die Cookies über Nacht offen stehen, bevor ich sie zur weiteren Aufbewahrung in eine Schachtel lege. So haben sie genau die richtige Konsistenz.
Haltbarkeit: Dieser Teig ist gut verpackt 4–6 Wochen im Tiefkühlschrank haltbar. Einige Stunden oder über Nacht im Kühlschrank antauen lassen, kühl aufschneiden und backen.

»Parkerli«

Als meine Großtante das Rezept für diese herrlichen Plätzchen für meine Mutter aufschreiben wollte, fand sie ihren Kugelschreiber nicht mehr. Da es sich um ein teures Modell der Marke Parker handelte, regte sie sich darüber so sehr auf, dass ihr der Name der Plätzchen partout nicht mehr einfallen wollte. Deshalb hießen sie bei uns von diesem Tag an nur noch »Parkerli«. Hier das leicht abgeänderte Rezept.

Ergibt 2 Backbleche, 1 Teigrolle kann eingefroren werden

250 g zimmerwarme Butter
120 g Zucker
1 Päckchen Vanillezucker
1 Prise Salz
1½ EL Milch
1 unbehandelte Zitrone, abgeriebene Schale und 2 EL Saft
100 g Mandelstifte
350 g Mehl

Die Butter mit dem Zucker und dem Vanillezucker verrühren, bis die Masse hell ist. Das Salz und die Milch beigeben und weiterrühren. Zitronenschale und -saft sowie die Mandelstifte darunterheben. Das Mehl dazusieben und alles rasch zu einem Teig zusammenfügen.

Aus dem Teig 2 Rollen formen, das geht am besten, wenn der Teig in Frischhaltefolie eingerollt wird. 1 Rolle noch einmal gut in Alufolie einpacken und einfrieren, die andere im Kühlschrank mindestens 30 Minuten fest werden lassen. Danach kann man sie mit einem scharfen Messer in etwa 1 cm dicke Scheiben schneiden. Den Backofen auf 200 Grad vorheizen.

Die Plätzchen auf einem mit Backpapier belegten Blech im vorgeheizten Backofen auf der mittleren Schiene 10–12 Minuten backen. Der Rand darf leicht Farbe annehmen, die Kekse selbst sollen hell bleiben.

Das lieben Kinder: Die Schüssel auslecken und den Kochlöffel abschlecken.
Tipp: Wie bei vielen anderen Süßspeisen auch lässt sich ein Teil des Zuckers durch den pflanzlichen Süßstoff Stevia ersetzen. Ich ersetze jeweils 3 Esslöffel Zucker durch Stevia gemäß Packungsanleitung.
Haltbarkeit: Dieser Teig ist gut verpackt 4–6 Wochen im Tiefkühlschrank haltbar. Einige Stunden oder über Nacht im Kühlschrank antauen lassen, kühl aufschneiden und backen.

Zitronen-Heidelbeer-Muffins

Manchmal sind auch die einfachen Sachen nicht ganz einfach. Ich jedenfalls habe schon staubtrockene Muffins gebacken und solche, die hart waren wie Bauklötze. Dieses Rezept hat die Pannenserie beendet.

Ergibt 18 Stück, was (wahrscheinlich) auch noch zum Einfrieren reicht

200 g saurer Halbrahm (saure Sahne)
190 g Zucker
150 ml Raps- oder Sonnenblumenöl
4 Eier
1 unbehandelte Zitrone, abgeriebene Schale und Saft von ½ Zitrone
350 g Mehl
1 Päckchen Backpulver
1 Päckchen Vanillezucker
1 Prise Salz
150 g Heidelbeeren, frisch oder tiefgekühlt

Den Backofen auf 160 Grad Umluft vorheizen. Alle Zutaten bis einschließlich Zitronensaft in eine Schüssel geben und mit dem Mixer gut verrühren. In einer zweiten Schüssel das Mehl mit dem Backpulver, dem Vanillezucker und dem Salz vermengen. Die Beeren unter das Mehl heben.

Die Mehl-Beeren-Mischung mit einem Löffel mit der nassen Teigmischung kurz verrühren. Darauf achten, dass einige Teigklümpchen im Teig bleiben, so werden die Muffins locker und feucht.

Ein Muffinblech mit Papierförmchen auskleiden und diese etwa zu ⅘ mit Teig füllen. Das Blech in die Mitte des vorgeheizten Backofens schieben und diesen während der ersten Viertelstunde nicht öffnen, damit die Muffins schön aufgehen. 15–20 Minuten backen. Mit einem Küchenmesser in die Küchlein stechen – wenn beim Herausziehen kein Teig mehr daran klebt, sind sie gut. Die Muffins etwa 5 Minuten im Blech abkühlen, danach auf einem Gitter vollständig erkalten lassen.

Das schmeckt auch: Himbeeren anstatt Heidelbeeren verwenden. Anstatt Beeren und Zitrone grob gehackte dunkle Schokolade unter den Teig heben
Das können Kinder tun: Rühren, mischen, einfüllen, ausschlecken.
Haltbarkeit: Was nicht sofort gegessen wird, in einen Gefrierbeutel einpacken und bis zu 6 Wochen einfrieren. Das gefrorene Gebäck 1 Stunde bei Zimmertemperatur auftauen und dann etwa 5 Minuten im auf 160 Grad Umluft vorgeheizten Backofen aufbacken. Der Teig lässt sich auch ungebacken einfrieren: Das Muffinblech mit Teig füllen und tiefkühlen. Die gefrorenen Teiglinge mitsamt den Papierförmchen in einen Gefrierbeutel umfüllen. Auftauen lassen und wie oben beschrieben backen.

Gefüllter Schokoladenkuchen

von Sarah Huber, Foodblog »Cœur de sel«

Wenn man Foodbloggerin Sarah Huber fragt, warum sie gerne kocht, kommt die Antwort wie aus der Pistole geschossen: »Weil ich gerne esse.« Nicht ganz diesen Stellenwert hat das Essen für ihren Sohn Shane (8): Er ernährt sich hauptsächlich von Pasta, Brot und Reis. Kein Fleisch, kein Fisch, keine Hülsenfrüchte, keine Früchte. Gemüse isst er bloß roh. Die Mutter gibt unumwunden zu, dass dieses wählerische Essverhalten sie einige Male an den Rand der Verzweiflung gebracht habe. »Warum ausgerechnet mein Kind?«, habe sie sich gefragt. »Was habe ich falsch gemacht?«

Ihre Bemühungen, das kulinarische Spektrum ihres Sohnes zu erweitern, waren zahlreich: Mal hat sie Gemüse unter die Pastasauce gemixt, dann hat sie zusammen mit Shane Grünzeug im eigenen Garten angebaut. Sogar einen kleinen Kochkurs – »Italian Basics« – hat sie für den Sohn veranstaltet und auf ihrem Blog dokumentiert. Doch die Erfolge waren allesamt kurzfristiger Natur, spätestens nach drei Tagen waren die kulinarischen Neuentdeckungen jeweils wieder vom Speiseplan gestrichen.

Mittlerweile hat sich die Familie mit der Situation arrangiert. Shane bekommt abends seine Pasta. Und wenn er im Bett ist, kochen die Eltern für sich. Richtig gut. Auch wenn es heutzutage wohl ziemlich ungewöhnlich ist, dass Eltern nicht mit ihren Kindern essen, für Sarah Huber stimmt es. Sie klingt gelassen, wenn sie sagt: »Wann haben Kinder in unserer Gesellschaft schon Macht über ihre Eltern? Doch nur, wenn es ums Schlafen oder Essen geht. Vielleicht ist es okay, wenn sie diese ausspielen.«

Dieser beeindruckende Kuchen hat seine Ursprünge in der französischen Pâtisserie. Doch weil die einzelnen Arbeitsschritte nacheinander erledigt werden können, bleibt das Absturzrisiko klein. Ich habe mich mit diesem Rezept zum ersten Mal an einen gefüllten Kuchen gewagt. Es lohnt sich.

Ergibt zwei Schokoladenkuchen, wovon 1 eingefroren werden kann

Für den Teig
35 g Weißmehl (Type 405)
40 g ungesüßtes Kakaopulver
3½ TL Kartoffelstärke
75 g ungesalzene Butter
9 zimmerwarme Eigelb
150 g Zucker
5 zimmerwarme Eiweiß
Butter für die Formen

Für die Aprikosenfüllung
170 g getrocknete Aprikosen guter Qualität
½ Zitrone, Saft
Pfeffer aus der Mühle

Für den Karamell
125 g Doppelrahm (Crème double)
100 g Zucker
45 g gesalzene Butter

Für die Ganache
350 g schwarze Schokolade (64 % Kakaoanteil)
370 g Doppelrahm (Crème double)
90 g zimmerwarme, ungesalzene Butter

Außerdem
2 Kuchenformen von 18 × 9 cm

Den Backofen auf 180 Grad vorheizen. Für den Teig das Mehl mit dem Kakaopulver und der Kartoffelstärke mischen. Die Butter schmelzen und auf Körpertemperatur abkühlen lassen. Die Eigelbe und 75 g Zucker mit dem Mixer schlagen, bis die Mischung hell ist. Nun die Eiweiße mit dem (gesäuberten) Mixer schlagen, bis die Masse Spitzen formt. Nach und nach den restlichen Zucker beigeben und weiterschlagen, bis das Eiweiß steif und glänzend ist. Mit einem Spatel die Mehlmischung und ein Viertel des Eischnees unter die Eigelbmischung ziehen. Nun einige Löffel des Teigs mit der geschmolzenen Butter gut vermischen und erst danach den restlichen Teig sowie den restlichen Eischnee vorsichtig unterziehen.

Den Teig in die beiden gebutterten und mit Backpapier ausgelegten Kuchenformen füllen und im vorgeheizten Ofen 25–30 Minuten backen. Wenn bei der Messerprobe kein Teig mehr am Messer klebt, die Kuchen aus dem Ofen nehmen und einige Minuten in der Form, danach umgekehrt auf einem Gitter auskühlen lassen.

Für die Aprikosenfüllung die getrockneten Aprikosen mit 250 ml Wasser in einem Topf etwa 4 Minuten sanft köcheln lassen. Abgießen, abtropfen lassen, in kleine Stücke schneiden und mit Zitronensaft und wenig Pfeffer marinieren.

Für den Karamell den Doppelrahm aufkochen und zur Seite stellen. Den Boden eines hohen Topfs (Spritzgefahr!) mit 2 Esslöffeln Zucker bestreuen und bei mittlerer Hitze erwärmen. Wenn der Zucker schmilzt – auf keinen Fall vorher! –, mit einem Holzlöffel rühren und den restlichen Zucker nach und nach zugeben. Warten, bis der ganze Zucker geschmolzen ist und eine schöne braune Farbe angenommen hat. Achtung, den Karamell nicht aus den Augen lassen, er verbrennt schnell! Nun die gesalzene Butter einrühren. Den Doppelrahm zugeben und das Ganze knapp vor den Siedepunkt bringen. Vom Herd nehmen und abkühlen lassen.

Für die Ganache die Schokolade in Stücke brechen und in eine große Schüssel geben. Den Doppelrahm aufkochen und langsam unter die Schokolade mischen. Dabei mit dem Teigspatel von innen nach außen immer größere Kreise ziehen, sodass möglichst wenig Luft in die Mischung gelangt. Ist die Masse homogen, abkühlen lassen, bis sie handwarm ist, und danach die zimmerwarme Butter in 2 Portionen auf dieselbe Art unter die Schokolade rühren. Falls die Schokolade noch zu heiß sein sollte, schmilzt die Butter und lässt sich nicht mehr so gut mit der Schokolade mischen – in diesem Fall 5 Minuten warten und alles kurz mit dem Schwingbesen schlagen. Sobald die Ganache genug kühl ist, wird sie streichfähig und kann verwendet werden.

Die Kuchen zusammenfügen: Beide Kuchen mit einem großen Messer horizontal in 3 gleich dicke Lagen schneiden. Zuerst je eine etwa 1 cm dicke Schicht Karamell auf die beiden untersten Böden streichen und kurz kühl stellen. Nun eine Schicht Ganache über den Karamell spachteln. Darauf je ein Viertel der Aprikosen verteilen und mit dem nächsten Boden bedecken. Mit diesem Boden genauso verfahren und mit dem letzten Boden abschließen. Unebenheiten mit der Ganache ausgleichen.

Den ganzen Kuchen mit einer Schicht Ganache verkleiden, kurz kühl stellen und dann noch mehr Ganache auf den Kuchen streichen. Einen Kuchen in Klarsicht- und Alufolie einpacken und tiefkühlen, den anderen bis zum Servieren kühl stellen.

Das schmeckt auch: Anstatt Dörrfrüchte frische Himbeeren verwenden.
Haltbarkeit: Der gefüllte Kuchen lässt sich gut verpackt 1 Monat tiefkühlen. Bei Raumtemperatur oder im Kühlschrank auftauen lassen und kühl genießen.

Einfacher Mandel-Aprikosen-Kuchen

Dieser Mandelkuchen lässt sich mit allen möglichen Obstsorten belegen. Aber ich finde, dass die süß-sauren Aprikosen in dieser Kombination einfach perfekt zur Geltung kommen.

Für eine runde Kuchenform von 30 cm Durchmesser und ein Muffinblech

300 g Mehl
150 g gemahlene Mandeln
240 g Zucker
1½ Päckchen Backpulver
1½ Päckchen Vanillezucker
1 unbehandelte Zitrone, abgeriebene Schale
2 Msp. Salz
3 Eier
225 g weiche Butter
etwa 10 reife Aprikosen
50 g Mandelblättchen
1–2 EL feiner Rohzucker
Butter und Mehl für die Form

Den Backofen auf 180 Grad vorheizen. Mehl, gemahlene Mandeln, Zucker, Backpulver, Vanillezucker, Zitronenschale und Salz miteinander vermischen. Die Eier und die weiche Butter dazugeben und alles zu einem Teig verrühren. Etwa die Hälfte des Teigs ungefähr 2 cm dick in die gebutterte und bemehlte Kuchenform streichen.

Die Aprikosen waschen, halbieren, entsteinen und einander überlappend auf dem Teig anordnen. Die Mandelblättchen darüber verteilen, mit Rohzucker bestreuen.

Den Kuchen in der unteren Hälfte des vorgeheizten Backofens etwa 1 Stunde backen. Falls die Oberseite des Kuchens zu dunkel werden sollte, mit Alufolie abdecken. Der Kuchen ist fertig, wenn bei der Messerprobe kein Teig mehr am Messer klebt.

Der Rest des Teigs kann eingefroren werden: Dazu ein Muffinblech mit Papierförmchen auslegen und diese zur Hälfte mit Teig füllen. Das Muffinblech in den Tiefkühlschrank stellen und die Teiglinge, sobald sie gefroren sind, in einen Plastikbeutel umfüllen.

Das schmeckt auch: Den Mandelboden mit Äpfeln oder Beeren belegen.
Das können Kinder tun: Aprikosen halbieren und entsteinen.
Haltbarkeit: Der Kuchenteig hält sich gefroren 4 Monate. Die Teiglinge zum Auftauen wieder in das Muffinblech legen und rund 1 Stunde bei Raumtemperatur auftauen lassen. Danach mit Früchten belegen und wie oben beschrieben backen. Wegen der geringeren Größe der Küchlein verkürzt sich die Backzeit etwas.

Küchenexperiment: Lebkuchen

Seit vielen Jahrzehnten verschenkt die Urgroßmutter unserer Kinder zu Weihnachten diesen herrlichen Lebkuchen. Dieses Jahr ist »ds Großmuetti« hundert Jahre alt geworden. Nun ist es an der Zeit, dass ich diesen schönen Brauch fortsetze.

Ergibt 7 Lebkuchen à 6× 26 cm

Für das Lebkuchengewürz
30 g Sternanis
30 g Anis
15 g Gewürznelken
70 g gemahlener Zimt

Für den Teig
1 l Milch
100 ml Rahm (Sahne)
500 ml Birnendicksaft (Birnel)
500 g Zucker
1,5 kg Mehl
20 g Natron
1 Zitrone, Saft
50 g zerlassene Butter
Butter und Mehl für die Formen

Außerdem
eine alte Kaffeemühle oder eine Gewürzmühle
Butter zum Servieren

Den Backofen auf 180 Grad vorheizen. Da wir die harten, sternförmigen Fruchtkapseln des Sternanis in unserer Küchenmaschine nicht klein bekommen, haben wir die Samen aus den Kapseln geklaubt und nur die Samen verwendet (1). Falls Sie aber eine Gewürzmühle oder eine alte Kaffeemühle auftreiben können, sollten Sie den Sternanis unbedingt als Ganzes verwenden und die harten Kapseln gemeinsam mit dem Anis und den Nelken mahlen – ein großer Teil des Aromas steckt nämlich in den harten Fruchtkapseln.

Nun dürfen die Kinder die Milch, den Rahm und den Birnendicksaft (von Letzterem etwa 1 Esslöffel zum Bestreichen beiseitestellen) gut mischen. Die gemahlenen Gewürze und den Zimt mit einem Schneebesen unter die Milch-Rahm-Mischung ziehen (2). Den Zucker untermischen. Das Mehl mit dem Natron vermengen und unter Rühren dazusieben (3). Den Zitronensaft sowie die zerlassene Butter zugeben und alles zu einem Teig verrühren.

Den Lebkuchenteig etwa 2 cm hoch in die ausgebutterten und bemehlten Kuchenformen einfüllen und die Lebkuchen im vorgeheizten Backofen auf der untersten Schiene 30–35 Minuten backen. Die Lebkuchen sind gut, wenn bei der Messerprobe kein Teig mehr am Messer klebt. Damit sie schön glänzend werden, bestreichen die kleinen Köche sie mit dem beiseitegestellten und mit etwas Wasser verdünnten Birnendicksaft. Auskühlen lassen und mit Butter servieren.

Tipp: Dieses frisch zubereitete Lebkuchengewürz schmeckt sehr gut; wenn man Zeit sparen will, kann man es jedoch auch durch eine gekaufte Lebkuchengewürzmischung ersetzen.

Haltbarkeit: In Alufolie eingepackt bleibt der Lebkuchen etwa 2 Wochen frisch. Eingefroren ist er 2 Monate haltbar.

Turborezepte

Tomaten-Risotto

Für 4 Portionen

½ Zwiebel	100 ml Weißwein
1 Lorbeerblatt	400 g Dosentomaten
Butter und Olivenöl	(Pelati)
3 mittlere Karotten	etwa 1 l Gemüsebrühe
1 Knoblauchzehe	50 ml Rahm (Sahne)
300 g Carnaroli-Reis	Parmesan, frisch gerieben

Die Zwiebel hacken und mit dem Lorbeerblatt in Butter und Olivenöl andünsten. Die Karotten und die Knoblauchzehe hacken und dazugeben und alles zugedeckt bei kleiner Hitze 5 Minuten garen.

Den Reis beifügen, umrühren und mit dem Weißwein ablöschen. Den Wein verdampfen lassen. Die Dosentomaten klein schneiden und zusammen mit der Gemüsebrühe in den Topf leeren. Den Risotto etwa 15 Minuten fertig garen. Mit Rahm und frisch geriebenem Parmesan verfeinern, abschmecken.

Sommer-Spaghetti

Für 4 Portionen

400 g Spaghetti	250 g Mini-Mozzarelline
Salz	abgetropft
2 große Tomaten	ca. 4 EL Olivenöl
2 Handvoll junger Spinat	2 EL Balsamicoessig
oder Rucola	Pfeffer aus der Mühle
1 Bund Basilikum,	Parmesan zum Servieren
Blättchen abgezupft	

Die Spaghetti in kochendem Salzwasser garen. Die Tomaten hacken, in eine große Schüssel geben und salzen, damit sie Wasser ziehen. Den Spinat oder Rucola, die Basilikumblätter und die Mini-Mozzarellakugeln auf die Tomaten geben.

Die Spaghetti abgießen, abtropfen lassen und über die Tomaten geben. Mit dem Olivenöl, dem Balsamicoessig, Salz und reichlich Pfeffer anmachen, gut mischen. Lauwarm servieren, nach Belieben frisch geriebenen Parmesan dazureichen.

Spaghetti mit Lachs und Spinat

Für 4 Portionen

350 g Lachsfilet	Olivenöl
1 Zitrone, Saft	150 g junger Spinat
400 g Spaghetti	(bereits vorgewaschen)
Salz	Pfeffer aus der Mühle

Den Lachs würfeln und im Saft von ½ Zitrone durchziehen lassen. Die Spaghetti in kochendem Salzwasser garen. Die Lachswürfel aus dem Zitronensaft nehmen und in einer Bratpfanne in Olivenöl braten. Nach einigen Minuten den Fisch in die eine Pfannenhälfte schieben und den jungen Spinat in die andere geben. Den Deckel auflegen, dann einige Male rühren, bis der Spinat zusammenfällt.

Den Fisch und den Spinat mischen, salzen, pfeffern und mit Zitronensaft abschmecken. Mit den abgegossenen, abgetropften Spaghetti mischen.

Gemüse mit Zitronenmayonnaise

Für 4 Portionen

Für das Gemüse	*Für die Zitronenmayonnaise*
1 kleines Bund grüner	150 g Rahmquark
Spargel	3 EL Mayonnaise
3 Karotten	1 TL Zitronensaft
1 Fenchel	2 EL Liebstöckel, gehackt
600 g Babykartoffeln	Salz, Pfeffer aus der
	Mühle

Den Spargel etwas einkürzen. Die Karotten der Länge nach halbieren und dann in 4–6 cm lange Stücke schneiden. Den Fenchel in Spalten schneiden. Die Kartoffeln gründlich waschen oder schälen. Das Gemüse und die Kartoffeln auf einen Dampfeinsatz schichten, den Spargel zuoberst. Mit geschlossenem Deckel weich garen.

Alle Zutaten für die Zitronenmayonnaise verrühren, salzen und pfeffern. Die Kräuter eventuell separat dazureichen. Das gegarte Gemüse mit der Zitronenmayonnaise anrichten und servieren.

Couscous mit Gemüse und Halloumi

Für 4 Portionen

1 Handvoll Mandelstifte
1 Halloumi-Käse
1 Paprikaschote
Olivenöl
je ½ Bund Petersilie und Pfefferminze
1 Frühlingszwiebel
240 g Couscous
1 Fleischtomate
½ Zitrone, Saft
Salz, Pfeffer aus der Mühle

Die Mandelstifte ohne Fett in einer Bratpfanne rösten. Den Halloumi und die Paprikaschote in Streifen schneiden und in wenig Olivenöl rösten. Kräuter und Frühlingszwiebel fein hacken. Den Couscous nach Packungsanleitung quellen lassen. Die Tomate hacken. Alles mischen und mit Zitronensaft, Olivenöl, Salz und Pfeffer abschmecken.

Wienerli und Gemüse im Teig

Für 4 Portionen

1 Blätterteig
4 Wienerli (Frankfurter)
1 kleine Zucchini
½ Paprikaschote
Salz
4 gehäufte TL Ketchup
1 Ei

Den Blätterteig ausrollen, in 4 Viertelkreise schneiden und darauf je 1 Wienerli legen. Das Gemüse fein hobeln, in die Würstchen-Krümmungen geben und leicht salzen.

Auf jedes Wienerli 1 gehäuften Teelöffel Ketchup geben. Die Würstchen und das Gemüse in dem Blätterteig einpacken, die Teigränder mit Wasser benetzen und zusammendrücken. Die Blätterteigtaschen mit dem verquirlten Ei bestreichen und im Backofen bei 200 Grad etwa 20 Minuten goldbraun backen.

Pommes frites & Co.

Für 4 Portionen

750 g Kartoffeln
1 Kohlrabi
1 größere Süßkartoffel
2–3 EL Olivenöl
Salz

Die Kartoffeln schälen oder – wenn es sich um neue handelt – gut waschen. Die Kohlrabi und die Süßkartoffel schälen. Alle Gemüse in lange Schnitze schneiden. Die Kartoffeln auf ein mit Backpapier belegtes Blech legen und in dem Olivenöl wenden.

Die Kartoffeln 10 Minuten bei 190 Grad Umluft backen, danach die Kohlrabi- und Süßkartoffelschnitze aufs Blech geben, kurz im Öl wenden und in 15–20 Minuten fertig backen. Die Gemüseschnitze salzen und mit Ketchup servieren.

Curry-Huhn auf Kokosreis

Für 4 Portionen

270 g Basmatireis
100 ml Kokosmilch
Salz
2 Handvoll tiefgekühlte Erbsen
2 Hühnerbrüste
Erdnussöl zum Anbraten
½–1 EL Currypulver

Den Reis unter fließendem Wasser abspülen. Mit der Kokosmilch, 400 ml Wasser und 1 Teelöffel Salz aufkochen und insgesamt 20 Minuten zugedeckt auf kleinster Stufe köcheln lassen. Nach den ersten 5 Minuten die Erbsen dazugeben, einmal umrühren und den Deckel nicht mehr heben.

Die Hühnerbrüste in dünne Streifen schneiden und in Erdnussöl anbraten. Mit dem Currypulver würzen, einige Minuten braten und mit Salz abschmecken. Mit dem Kokosreis servieren.

Schneller Kastanienkuchen

4 Eier
200 g Butter
150 g Zucker
460 g tiefgekühltes Kastanienpüree, aufgetaut
20 g Vanillezucker
½ Päckchen Backpulver
Butter für die Form
Puderzucker zum Bestreuen, nach Belieben

Die Eier trennen und das Eiweiß steif schlagen. Die Butter mit dem Zucker in einem Topf schmelzen. Den Topf vom Herd ziehen und das Kastanienpüree, den Vanillezucker, das Backpulver sowie die Eigelbe dazugeben und glatt rühren. Den Eischnee darunterziehen.

Den Teig in eine gebutterte Kuchenform geben und den Kuchen bei 200 Grad 30–40 Minuten (Garprobe machen!) backen. Nach dem Auskühlen nach Belieben mit Puderzucker bestreuen.

Apfel-Porridge

Für 4 Portionen

300 g Haferflocken
800 ml Milch
4 Äpfel (Braeburn)
10 Datteln
4 EL Cranberrys
2 Msp. Salz
1 Vanilleschote

Die Haferflocken mit der Milch in einem Topf erwärmen. 3 Äpfel entkernen und auf der Gemüsereibe ins Porridge raspeln. Die Datteln hacken. Die Cranberrys, die gehackten Datteln und das Salz dazugeben. Die Vanilleschote aufschlitzen, das Mark ausschaben und beides ins Porridge geben.

5–10 Minuten bei kleinster Hitze durchziehen lassen. Die Vanilleschote entfernen. Den vierten Apfel entkernen, in feine Scheiben schneiden und auf dem Porridge anrichten.

Bananen-Pancakes

Für 4 Portionen

180 g Mehl
2 TL Backpulver
1 TL Vanillezucker
Zucker
1 Prise Salz
200 ml Milch
2 Eier
2 TL neutrales Öl
3 Bananen
Butter zum Ausbacken
1 Handvoll Walnüsse
Ahornsirup zum Servieren

Mehl, Backpulver, Vanillezucker, 2 Teelöffel Zucker und das Salz vermengen. Die Milch, die Eier, das Öl sowie 2 zerdrückte Bananen verrühren. Alles miteinander mischen. Die Pancakes bei mittlerer Hitze wenige Minuten in Butter ausbacken, einmal wenden.

1 Esslöffel Zucker schmelzen und die Nüsse darin karamellisieren. Die Nüsse erkalten lassen und hacken. Die Pancakes mit den karamellisierten Nüssen, Ahornsirup und Bananenscheiben servieren.

Eis mit Karamell-Pistazien-Topping

Für 4 Portionen

2 Daim-Riegel
1 Handvoll Pistazien
400 g Vanilleeis

Die Daim-Riegel und die Pistazien in der Küchenmaschine fein hacken und über das Vanilleeis streuen.

Küchenwissen

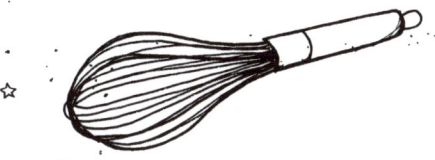

Richtig tiefkühlen

Gekochte Speisen sollten vor dem Tiefkühlen möglichst schnell heruntergekühlt werden. Das geht am besten im kalten Wasserbad oder in der kalten Jahreszeit auf dem Fensterbrett. So bleiben Farbe, Konsistenz und Nährstoffe optimal erhalten.

Zum Verpacken von gekochten Speisen eignen sich Tiefkühlbeutel, Gefrierbehälter und für Aufläufe ofenfeste Aluboxen mit Kartondeckel. Teig und Brot sind am besten in einer doppelten Schicht Alufolie aufgehoben. Die Verpackung sollte möglichst wenig Luft enthalten und luftdicht verschlossen sein, um Gefrierbrand zu verhindern.

Tiefkühlbeutel stellt man in einen leeren Rühr- oder Messbecher, bevor man sie mit Suppe oder Eintopf füllt. Den gefüllten Beutel so verschließen, dass man ihn anschließend flach drücken kann. Flache Beutel sind schneller gefroren (was der Qualität der Lebensmittel zugutekommt) und tauen schneller auf als dicke Volumen.

Ravioli oder ungebackene Kekse gefriert man am besten lose und gibt sie erst in einen Gefrierbeutel, wenn sie gefroren sind. So kleben sie nicht und können später portionsweise verwendet werden.

Das Tiefkühlgut sollte immer mit Inhaltsangabe und Datum versehen werden. Sonst geht es Ihnen wie mir und Sie tauen Rotkraut anstatt Zwetschgenkompott auf.

Beutel vor dem Abfüllen beschriften, nachher geht es nämlich nicht mehr.

Selbst gekochte Gerichte können im Tiefkühlschrank in der Regel 2–3 Monate ohne Qualitätseinbuße aufbewahrt werden. Genauere Angaben zu machen, ist schwierig, weil die Haltbarkeit von verschiedenen Faktoren abhängt: vom Fettgehalt (fettreiche Speisen verderben schneller), der Temperatur des Tiefkühlschranks (idealerweise minus 18 Grad) und der Qualität der Verpackung.

Tiefgekühlte Lebensmittel werden am besten langsam im Kühlschrank aufgetaut, weil so sichergestellt ist, dass sich keine Mikroorganismen auf den bereits wärmeren äußeren Schichten des Gefrierguts entwickeln können. Wenn es eilt, kann man auch in der Mikrowelle oder im kalten Wasserbad auftauen. Manche Gerichte wie zum Beispiel Sugo oder Suppen braucht man bloß anzutauen, bevor man sie in der Pfanne erwärmt.

Einmal aufgetaute Lebensmittel sollten nicht wieder eingefroren werden – außer wenn sie vor dem erneuten Einfrieren gekocht worden sind. Dieses Vorgehen ist aber wenig sinnvoll, weil es mit einer Geschmackseinbuße verbunden ist.

Küchentricks

Eine reife Ananas erkennt man daran, dass man das innerste, kleinste Blatt mühelos herausziehen kann.

Schales Bier kann man zum Brotbacken verwenden: einfach einen Teil des benötigten Wassers durch Bier ersetzen.

Bittere Salate wie Endivie und Zuckerhut schmecken weniger bitter und Kindern deshalb meist besser, wenn man sie einige Minuten in lauwarmes Wasser einlegt.

Altbackenes Brot verwerten: halbe oder ganze Parisette-, Baguette-, Knebel- oder Wurzelbrote im Abstand von etwa 2 cm so einschneiden, dass das Brot unten noch zusammenhält. Knoblauchbutter in die Einschnitte streichen, aufbacken und essen. Oder das vorbereitete Knoblauchbrot in Alufolie einpacken und einfrieren.

Das allerbeste Rezept, um altbackenes helles Brot auferstehen zu lassen: Brotpudding mit Beeren und Rhabarber: 4 Eier, 450 ml Milch, 75 g feiner Rohzucker, 1 TL Zimt und 1 Päckchen Vanillezucker verrühren. 200–300 g helles Brot oder Zopf darin einweichen. In eine gebutterte Gratinform 300 g (tiefgekühlte) Beeren und 150 g (tiefgekühlten) klein geschnittenen Rhabarber geben. Das eingeweichte Brot darüberlegen und mit 30 g zerlassener Butter beträufeln. Im Ofen etwa 30 Minuten bei 180 Grad Umluft backen.

Kinder lieben Fotzelschnitten (Arme Ritter) über alles: altbackenes Brot in verquirltem Milch-Eier-Teig baden, in Butter braten, mit Zimt und Zucker bestreuen und mit Apfelmus servieren.

Aus kleineren Mengen altbackenem hellen Brot lässt sich ganz einfach leckeres Paniermehl herstellen: das Brot vollständig trocknen lassen und in der Küchenmaschine zerkleinern. Hat man sauber gearbeitet, und wird das Paniermehl luftdicht verpackt und dunkel gelagert, ist es etwa 1 Monat haltbar.

Currypaste wird im Asialaden meistens in großen Bechern oder Gläsern angeboten. Sie hält sich im Kühlschrank zwar recht lange; da man in einem Haushalt mit Kindern aber nur minimale Mengen davon verbraucht, empfiehlt es sich, die Paste in kleine Glasbehälter (zum Beispiel in leere Gewürzgläschen) umzufüllen und einzufrieren. So verlängert sich die Haltbarkeit noch einmal um Monate.

Ein hart gekochtes Ei ist nach acht Minuten perfekt, innen noch etwas weich und außen fest. Ein weiches Vier-Minuten-Ei schmeckt besser als ein Drei-Minuten-Ei. Die Kochzeit beginnt, wenn das Ei in das kochende Wasser gelegt wird.

Eier sind nach dem Legedatum knapp einen Monat haltbar. Wenn man das Legedatum nicht kennt oder nicht lesen kann, hilft dieser Eiertest weiter: das Ei in einen mit Wasser gefüllten Becher legen. Sinkt es zu Boden und bleibt dort liegen, ist es sehr frisch und kann auch für rohe Eierspeisen verwendet werden. Sinkt es zu Boden und richtet sich auf (weil der Hohlraum im Ei schon etwas größer ist), sollte es gekocht und bald gegessen werden. Schwimmt das Ei an der Wasseroberfläche, darf es nicht mehr gegessen werden.

Nicht mehr ganz taufrische Eier sind ideal zum Hartkochen, weil sie sich einfacher schälen lassen als ganz frische Eier.

Äpfel scheiden Ethylen aus, was besonders Kiwis, Brokkoli, Honigmelone, Blumenkohl, Kopfkohl, Rosenkohl und Mangos schneller reifen lässt. Unreife Honigmelonen also zusammen mit reifen Äpfeln aufbewahren, eine reife Honigmelone aber getrennt von diesen.

Bei etwas älterem Fenchel sind die äußeren Schuppenblätter manchmal trocken und zäh, was Kinder gar nicht schätzen. Das Problem lässt sich einfach beheben, wenn man den Fenchel mit dem Sparschäler schält.

Fischfilets nie zuerst auf der Hautseite anbraten, sonst zieht sich das Filet zusammen.

In einer Frittata lassen sich eine kleinere Portion übrig gebliebener Reis, kurze Nudeln oder Gemüse wunderbar einbacken: 1 fein gehackte Zwiebel in etwas Olivenöl anziehen lassen, die übrig gebliebenen Zutaten dazugeben, 4–5 Eier verquirlen, würzen, darübergeben und bei kleiner Hitze langsam fest werden lassen.

Die schonendsten Garmethoden sind das Dämpfen und Dünsten. Beim Dämpfen wird das Gemüse im Dampfkochtopf oder Siebeinsatz über heißem Wasserdampf gegart. Beim Dünsten wird es in wenig Fett erhitzt und anschließend mit wenigen Esslöffeln Flüssigkeit und geschlossenem Deckel gegart. Manche Gemüsesorten, etwa Zucchini, können gänzlich ohne Wasserzugabe geschmort werden, wenn man sie salzt, bevor man den Deckel auf den Topf legt. So werden die hitzeempfindlichen und wasserlöslichen Vitamine und anderen Vitalstoffe geschont.

Gemüse über einer alten Zeitung schälen. So muss nach getaner Arbeit nicht auch noch die Arbeitsfläche gereinigt werden.

Aus überzähligem Gemüse entsteht eine garantiert glutamatfreie Instant-Gemüsebrühe: 600 g Gemüse (zum Beispiel Zwiebeln, Karotten, Lauch und getrocknete Tomaten) in Stücke schneiden und anschließend mit 80 g Meersalz in der Küchenmaschine klein hacken. Die Masse bei 80 Grad Umluft 6–8 Stunden im Backofen trocknen lassen, zwischendurch mit den Händen zerbröseln. Das fertige Pulver in einem Glas aufbewahren und innerhalb von 10 Wochen verbrauchen.

Heißhunger ist der beste Koch: Deshalb bekommen hungrige Kinder vor dem Essen eine Extraportion Vitamine in Form von Karotten, Gurken, Fenchel oder Paprika zum Knabbern.

Überzähliger Ingwer lässt sich geschält und in Alufolie verpackt einfrieren. Bei Bedarf noch gefroren auf der Parmesanreibe direkt ins Curry oder die Suppe reiben und den Rest wieder ins Gefrierfach legen.

Das Kochwasser von Gemüse ist gesund. Es dient als Basis für eine leckere Suppe oder kann für einen Risotto verwendet werden.

Kekse, die nicht mehr knusprig oder die trocken sind, können wie Streusel über einer Wähe oder einem fruchtigen Auflauf zerbröselt werden.

Für einen dezenten Knoblauchgeschmack nur die Schüssel, Pfanne oder Gratinform mit einer Knoblauchzehe ausreiben.

Kräuter bleiben im Kühlschrank bis zu 1 Woche frisch, wenn man sie mit einem feuchten Haushaltspapier bedeckt und in einer verschlossenen Plastik- oder Glasbox aufbewahrt.

Überzählige Kräuter lassen sich zu Kräuterbutter verarbeiten: Gartenkräuter hacken, 1 Knoblauchzehe zerquetschen und beides mit zimmerwarmer Butter mischen. Zwischen Backpapier eine Rolle formen und diese so lange kühl stellen, bis man sie in Scheiben schneiden und diese in einen Gefrierbeutel umfüllen kann. Schmeckt gut auf gebratenem

Steak, Rinderfilet oder Fisch sowie zu Gemüse und Pasta und eignet sich außerdem hervorragend zum Braten von Omeletten oder Rühreiern.

Limettenblätter und Zitronengras, die man nicht sofort verbraucht, lassen sich einfrieren und gefroren verwenden. So lässt sich – zusammen mit einer Dose Kokosmilch und Currypaste – im Nu ein spontanes Curry zaubern.

Nachreifen Nicht alle Früchte reifen nach der Ernte nach. Von unreifen Brombeeren, Himbeeren, Erdbeeren, Ananas, Kirschen, Trauben und Zitrusfrüchten sollte man deshalb die Finger lassen.

Nüsse, die man röstet und einfriert, werden nicht so schnell ranzig. Nüsse im Backofen bei 180 Grad etwa 15 Minuten lang rösten. Tiefgekühlt sind sie dann mehrere Monate lang haltbar.

Paprikaschoten lassen sich roh auch mit dem Sparschäler schälen, das geht schneller, als wenn man sie im Backofen grillt und ihnen anschließend die Haut abzieht. Allerdings fehlt dann das Röstaroma.

Petersilie und Koriander werden wieder knackfrisch, wenn man sie in Eiswasser legt.

Der Pürierstab heißt auch Zauberstab, weil man mit ihm wirklich zaubern kann: Er lässt das Gemüse in der Suppe verschwinden, was zur Folge hat, dass die Suppe im Kindermund verschwindet.

Pinienkerne werden nicht so schnell ranzig, wenn man sie im Tiefkühlschrank aufbewahrt.

Warum der Rauchpunkt so wichtig ist: Beginnt ein Öl oder Fett in der Pfanne zu rauchen, so ist das ein Zeichen, dass die Hitze die Fettsäuren zerstört und gesundheitsschädliche, teilweise sogar krebserregende Stoffe entstanden sind. Rauchendes Öl oder Fett sollte unbedingt ersetzt werden (in den Abfalleimer kippen, nicht in den Ausguss). Einen niedrigen Rauchpunkt haben native, kaltgepresste Öle, die deshalb für die kalte Küche und zum Verfeinern von warmen Speisen ideal sind. Viele von ihnen sind auch noch zum schonenden Braten und Schmoren geeignet. Zum scharfen Anbraten und Frittieren verwendet man dagegen besser ein raffiniertes Oliven- oder Rapsöl oder ein sogenanntes High-Oleic-Öl, das aus speziell gezüchteten Sonnenblumen- oder Rapssorten gewonnen wird.

Übrig gebliebener Reis oder eine Handvoll gekochte Penne machen aus einer einfachen Minestrone eine nährende Minestrone.

Rösti oder Pommes frites – egal ob sie im Ofen oder in der Fritteuse zubereitet worden sind – können hohe Acrylamidwerte aufweisen. Der krebserregende Stoff kann jedoch durch die Wahl der richtigen Kartoffelsorte und die richtige Lagerung der Kartoffeln entscheidend reduziert werden: Findet man keine Kartoffeln, die speziell für Rösti oder Pommes frites angeboten werden, greift man am besten auf die zuckerarmen Sorten Charlotte und Agria zurück. Ebenfalls wichtig: Kartoffeln in rohem Zustand nicht kälter als bei 8–10 Grad lagern. Pommes frites im Ofen bei 190 Grad mit und 220 Grad ohne Umluft backen. Die Rösti nur bei mittlerer Hitze braten, damit die Kartoffeln nicht zu dunkel werden.

Rote-Bete-Salat ohne Zwiebelstücke lässt sich so zubereiten: Die gekochte Rote Bete raspeln und zusammen mit 1 ganzen, geschälten Zwiebel, Salz, Essig und eventuell etwas Öl mehrere Stunden durchziehen lassen. Zwiebel vor dem Servieren entfernen.

Zu scharfes oder versalzenes Essen lässt sich retten, wenn man einige Minuten eine oder zwei rohe Kartoffeln mitkocht. Die Kartoffeln absorbieren einen Teil der Schärfe oder des Salzes und werden vor dem Servieren wieder aus dem Essen gefischt.

Schimmel auf Camembert oder Roquefort ist unbedenklich, weil es sich um denselben Schimmelpilz handelt, der zur Reifung des Käses verwendet wird. Oberflächlicher Schimmel auf Hartkäse muss großzügig weggeschnitten werden. Verschimmelter Frischkäse sollte nicht mehr gegessen werden.

Schokolade lässt sich am einfachsten so schmelzen: Schokolade in einen Topf legen, knapp mit Wasser bedecken und das Wasser erhitzen. Nicht kochen, nicht rühren. Die Schokolade soll schmelzen, sich aber nicht mit dem Wasser vermischen. Wenn sie weich ist (Messertest), kann das Wasser ausgeleert und die Schokolade weiterverwertet werden.

Selbstbedienungsessen: Lassen Sie Ihre Kinder doch einmal selbst entscheiden, was sie essen wollen – sie werden es zu schätzen wissen. Für eine asiatische Nudelsuppe Glasnudeln, Sprossen, geraspelte Karotten, geraspelten Kohlrabi, Limonenschnitze und frische Kräuter (Koriander, thailändischer Basilikum, Pfefferminze) auf den Tisch stellen, damit sich jeder seinen Suppenteller mit seinen Lieblingszutaten füllen kann. Heiße Hühnerbrühe darübergießen. Nach demselben Prinzip kann man auch eine Sandwichbar einrichten: Auf den Tisch kommen Tomaten, Gurken, gekochte Eier, Philadelphia-Käse, Hartkäse, Mozzarella, Hummus, gebratenes Gemüse, Lachs, Schinken und knusprig gebratener Speck. Jeder stellt sich sein eigenes, fantastisches Sandwich zusammen.

Stangenbohnen putzt man am schnellsten, indem man etwa zehn Bohnen aufeinanderstapelt und dieses Bündel so auf den Tisch stellt, dass die Bohnen zwischen beiden Händen aufrecht stehen. Sobald alle Bohnen den Tisch berühren, kann man das Bündel legen und alle Enden gleichzeitig abschneiden. Auf der anderen Seite genauso verfahren.

Vom Staudensellerie braucht man meistens bloß ein oder zwei Stangen, die restlichen kann man einzeln in Alufolie verpacken und einfrieren. Man kann sie später noch gefroren mit einem scharfen Messer schneiden und verkochen. Sie sind zwar nicht mehr knackig, geben Pastasaucen oder Eintöpfen aber das volle Selleriearoma.

Tee kann man im Sommer gut kalt aufgießen. So zubereiteter Tee schmeckt erfrischender als heiß aufgegossener Tee.

Den eigenen Teller in die Geschirrspülmaschine einräumen oder diese ausräumen – das können Kinder ab etwa fünf Jahren. In der Küche gibt es immer viel zu tun, es ist wichtig, dass Kinder lernen, dass auch sie einen Beitrag dazu leisten.

Tischmanieren sollen einem nicht den Spaß am Essen verderben. Aber irgendwann muss man trotzdem lernen, dass man am Tisch nicht rülpst. Bei uns hat es sich bewährt, das Augenmerk auf einige (nicht zu viele) Tischregeln zu richten und als Belohnung ein Pizzaessen im Restaurant in Aussicht zu stellen. Dort kann man das Gelernte dann gleich anwenden.

Ausgekratzte Vanilleschoten in Milch auskochen – ergibt eine leckere Vanillemilch.

Damit der Wähenboden schön knusprig wird, bepinselt man ihn vor dem Belegen mit Eiweiß (Eigelb für den Guss verwenden) und lässt ihn 10 Minuten trocknen. Danach den Boden mit einer Gabel mehrmals einstechen, mit geriebenen Nüssen bestreuen und nach Belieben belegen.

In kaltem Wasser zum Kochen gebracht wird großes Gemüse, zum Beispiel größere Kartoffeln oder ein ganzer Wirsing. So erreicht man, dass sich das Gargut gleichmäßig erwärmt. Gibt man es stattdessen in kochendes Wasser, ist es außen bereits weich, wenn das Innere noch hart ist. Fleisch setzt man kalt an, wenn der Geschmack in die Kochflüssigkeit übergehen soll, zum Beispiel, wenn man eine Hühnerbrühe zubereitet. Eier gibt man ins kochende Wasser, wenn man möchte, dass das Eigelb etwas weicher als das Eiweiß ist.

Aus Weinresten lässt sich ein fantastischer Rotweinessig zubereiten: Schwefelarmen Rotwein – zum Beispiel ein Bio- oder ein anderer Qualitätswein – mit einem Schuss Wasser verdünnen, in ein großes Einmachglas füllen und dieses mit einem umgestülpten Kaffeefilter zudecken, sodass die Luft zirkulieren kann. Eigentlich sollte nun ganz von alleine Essig entstehen, es ist aber empfehlenswert, dem Wein Essigbakterien zuzusetzen (die man übers Internet bestellen kann). Nach zwei bis drei Monaten ist die Umwandlung abgeschlossen, und ein Teil des Essigs kann in Flaschen abgefüllt werden. Bevor man ihn verwendet, lässt man ihn an einem dunklen Ort einige Wochen nachreifen. Die gallertartige Essigmutter, die sich aus den Essigbakterien gebildet hat, bleibt im Einmachglas, und der entnommene Essig kann nach und nach durch neue Weinreste ersetzt werden. Nachdem sich der Wein in Essig umgewandelt hat, befindet sich darin nicht mehr Alkohol als in einer sehr reifen Banane oder in Traubensaft.

Würste und Steaks können in einem Plastikbeutel in kaltem Wasser aufgetaut werden, wenn sich die Nachbarn spontan zur Grillparty einladen und die Zeit nicht mehr reicht, um das Fleisch langsam im Kühlschrank aufzutauen. Bei Raumtemperatur sollte man Fleisch nicht auftauen, weil sich auf der warmen Oberfläche Keime vermehren können, während das Fleisch im Inneren noch gefroren ist.

Kurz gebratenes Fleisch wird zart, wenn man es in kleinen Mengen in der sehr heißen Bratpfanne in wenig Öl nur so lange auf beiden Seiten anbrät, bis es sich vom Pfannenboden löst. Das Fleisch im auf 100 Grad vorgeheizten Backofen 10–20 Minuten nachgaren lassen.

Übrig gebliebener Zitronensaft lässt sich einfrieren. Übrig gebliebene Zitronen kann man in Spalten schneiden und diese in einem Beutel einfrieren. Bei Bedarf einzelne Schnitze auftauen.

Register

Apfel
    Apfel-Brombeeren-Auflauf mit
        Streuseln 257
    Apfel-Porridge 290
    Apfel-Rosmarin-Senf 205
    Apfel-Rotkohl mit Kastanien 144
    Apfelmus, Nudeln mit Gehacktem
        und Apfelmus 202
    Apfelmus mit Lavendel 35
    Linsensalat mit Sellerie, Fenchel
        und Apfel 242
Aprikosen
    Mandel-Aprikosen-Kuchen 278
    Pausenbrötchen mit Aprikosen und
        Nüssen 22
Arroz con pollo 195
Artischocken 148
    Frittata mit Artischocken 146
    Artischocken mit Eier-Vinaigrette 146
Aubergine
    Linguine mit Tomaten und Auberginen 99
    Polenta mit Ratatouille 126
    Shakshuka mit Paprika, Aubergine
        und Feta 193

Baked Potatoes mit Linsen und Lachs 241
Bananen
    Bananen-Pancakes 290
    Bananenshake 17
Basilikum, Salat aus weißen Riesenbohnen
    und Basilikum 226
Birne, Selleriesuppe mit Birne und
    geräucherter Forelle 63
Bohnen
    Penne con fagioli, salsiccia e cioccolata 95
    Salat aus weißen Riesenbohnen mit
        Basilikum 226
Brathähnchen mit Zitrone und Gemüse 193
Brokkoli, Vollkornreis mit Rindfleisch und
    Brokkoli 120
Brombeeren, Apfel-Brombeeren-Auflauf
    mit Streuseln 257

Brot, Brotwaren
    5-Minuten-Vollkornbrot 28
    Knäckebrot 36
    Pausenbrötchen mit Aprikosen
        und Nüssen 22
    Ruchbrot 14
    Zopftiere 24
Brotaufstrich aus Haselnüssen und
    Schokolade 30
Brühe mit Huhn und Tomate 41
Bulgur
    Bulgur-Pilaw mit Huhn 135
    Bulgur-»Tätschli« 137
Burger, Old Fashion Burger 196
Butter
    Selbst gemacht 103
    Tomatensauce mit Butter und
        Rosmarin 100

Cannelloni mit Kürbis und Schnitt-
    mangold 178
Chili, Kinder-Chili 239
Chocolate-Chip-Cookies 268
Cipolle, Pizza salsiccia e cipolle 72
Couscous
    Couscous mit Gemüse und Halloumi 288
    Couscoussalat mit Karotte und
        Orange 188
    Curry-Huhn auf Kokosreis 288

Dorade mit Thymian-Karotten 186

Eier-Vinaigrette, Artischocken mit Eier-
    Vinaigrette 146
Eis
    mit Karamell-Pistazien-Topping 290
    Sauerrahmeis mit Limette 246
Erdbeertorte mit Karamell 258

Farfalle, Zucchini-Farfalle Ras el-Hanout 164
Feta
    Kürbissalat mit Zucchini und Feta 176

Shakshuka mit Paprika, Aubergine
und Feta 183
Fagioli, Penne con fagioli, salsiccia e
cioccolata 95
Falafel mit Minzejoghurt 234
Feigentarte mit Ziegenkäse 71
Fenchel, Linsensalat mit Sellerie, Fenchel
und Apfel 242
Fior di Latte con cioccolata 248
Fischstäbchen 218
Flammkuchen mit Kürbis und Salbei 80
Forelle, Selleriesuppe mit Birne und
geräucherter Forelle 63
Frittata mit Artischocken 148
Frozen Joghurt 230

Gazpacho 58
Gehacktes siehe Hackfleisch
Gemüse
    Brathähnchen mit Zitrone und
       Gemüse 193
    Couscous mit Gemüse und Halloumi 288
    Gebratener Reis mit Gemüse 116
    Gemüse mit Zitronenmayonnaise 286
    Safran-Risotto mit gebratenem
       Gemüse 91
Geschnetzeltes, Kartoffelrösti und
   Geschnetzeltes 172
Gerstensuppe, Bündner 42
Grieß
    Grießauflauf mit Zwetschgen 105
    Grießschnitten auf Spinat 105
Gute-Besserungs-Hühnersuppe 47

Hackbraten mit Steinpilzen an Morchelsauce 212
Hackfleisch
    3-Stunden-Ragù vom Rind und
       Schwein 118
    Breite Nudeln mit Rindfleisch-
       Paprika-Sugo 98
    Gefüllte Zucchini 162
    Kefta auf Shakshuka 185
    Kinder-Chili 239
    Lasagne mit Quark 108
    Hörnli (Nudeln) mit Gehacktem und
       Apfelmus 202

Old Fashion Burger 196
Wirz-Lasagne 181
Zitronen-Hackfleisch-Paprika
mit Reis 114
Haferflockenkekse 266
Hähnchen/Huhn
    Arroz con pollo 195
    Brathähnchen mit Zitrone und
       Gemüse 195
    Brühe mit Huhn und Tomate 41
    Bulgur-Pilaw mit Huhn 135
    Curry-Huhn auf Kokosreis 288
    Gute-Besserungs-Hühnersuppe 47
    Hähnchenspieß, Paprikasuppe mit
       Hähnchenspieß 142
Halloumi, Couscous mit Gemüse und
   Halloumi 288
Hamburger, Old Fashion Burger 196
Haselnüsse, Brotaufstrich aus Haselnüssen
   und Schokolade 30
Heidelbeeren, Zitronen-Heidelbeer-
   Muffins 272
Hörnli (Nudeln) mit Gehacktem und
   Apfelmus 202
Hummus 228

Ice-Tea-Sirup 252
Italienische Reisbällchen (Arancini) 93

Joghurt, Frozen Joghurt 250

Kalb
    Kartoffelrösti und Geschnetzeltes 172
    Siedfleisch vom Kalb 208
    Vitello tonnato 210
Karamell
    Eis mit Karamell-Pistazien-Topping 290
    Erdbeertorte mit Karamell 258
Kardamom, Zimt-Kardamom-Schnecken 254
Karotten
    Couscoussalat mit Karotte und
       Orange 188
    Dorade mit Thymian-Karotten 186
    Karotteneintopf mit Schweins-
       bratwurst 150
    Karotten-Quitten-Suppe 56
    Karottensuppe mit Speck 62

Rindsragout mit Karotten und
    Wermut 200
Kartoffeln
    Baked Potatoes mit Linsen und Lachs 241
    Kartoffelcurry mit roten Linsen 230
    Kartoffelgnocchi, weiße und grüne 125
    Kartoffel-Linsen-Suppe mit Wurst 232
    Kartoffelrösti und Geschnetzeltes 172
    Ofenguck mit Speck und Salbei 217
    Pommes frites 288
    Rindsschnitzel (Saftplätzli) mit Gemüse
       und Kartoffelpüree 215
    Tomaten-Kartoffel-Wähe 78
Kastanien
    Apfel-Rotkohl mit Kastanien 144
    Schneller Kastanienkuchen 290
Kefta auf Shakshuka 185
Kekse, Kleingebäck
    »Parkerli« 271
    Chocolate-Chips-Cookies 268
    Haferflockenkekse 256
Ketchup 157
Kinder-Chili 239
Knäckebrot 36
Knoblauch, Spaghettini mit Lauch, Speck
  und Knoblauch 94
Knuspermüsli 12
Kohlrabisuppe 60
Kokosreis, Curry-Huhn auf Kokosreis 288
Krautstiel siehe Mangold
Kuchen, Torten, Backwaren
    Erdbeertorte mit Karamell 258
    Gefüllter Schokoladenkuchen 274
    Lebkuchen 281
    Mandel-Aprikosen-Kuchen 278
    Schneller Kastanienkuchen 290
    Zimt-Kardamom-Schnecken 264
    Zitronen-Heidelbeer-Muffins 272
Kürbis
    Cannelloni mit Kürbis und Schnitt-
       mangold 178
    Flammkuchen mit Kürbis und
       Salbei 80
    Kürbissalat mit Zucchini und Feta 176
    Kürbissuppe mit Linsen 48
    Patisson mit Pilzen 156

Lachs
    Baked Potatoes mit Linsen und Lachs 241
    Spaghetti mit Lachs und Spinat 286
Lasagne
    Lasagne mit Quark 108
    Wirz-Lasagne 181
Lauch
    Reisküchlein mit Lauch und Dip 122
    Spaghettini mit Lauch, Speck und
       Knoblauch 94
    Schweinsnierstückbraten mit Lauch 220
Lavendel, Apfelmus mit Lavendel 35
Lebkuchen 281
Limette, Sauerrahmeis mit Limette 246
Linguine mit Tomaten und Auberginen 99
Linsen
    Baked Potatoes mit Linsen und Lachs 241
    Kartoffelcurry mit roten Linsen 230
    Kartoffel-Linsen-Suppe mit Wurst 232
    Kürbissuppe mit Linsen 48
    Linsensalat mit Sellerie, Fenchel und
       Apfel 242

Maispizza 128
Mandel-Aprikosen-Kuchen, einfacher 278
Mangojoghurt 27
Mangold
    Cannelloni mit Kürbis und Schnitt-
       mangold 178
    Krautstiel (Mangold) mit Schinken 170
    Rigatoniauflauf mit Krautstiel 86
Minzejoghurt, Falafel mit 234
Morchelsauce, Hackbraten mit Steinpilzen
  an Morchelsauce 212
Muffins, Zitronen-Heidelbeer-Muffins 272

Nudeln
    Breite Nudeln mit Rindfleisch-
       Paprika-Sugo 98
    Linguine mit Tomaten und Auberginen 99
    Penne con fagioli, salsiccia et cioccolata 95
    Rigatoni mit Thunfisch 84
    Rigatoniauflauf mit Krautstiel
       (Mangold) 86
    Schwarze Nudeln mit Pilzen auf
       Paprikasauce 140
    Selbst gemachte Nudeln 111

Sommer-Spaghetti 286
Spaghettini mit Lauch, Speck und
 Knoblauch 94
Zucchini-Farfalle Ras el-Hanout 164

Ofenguck mit Speck und Salbei 217
Old Fashion Burger 196
Orange, Couscoussalat mit Karotte
 und Orange 188

Pancakes, Bananen-Pancakes 290
»Parkerli« 271
Patisson mit Pilzen 156
Paprika
 Breite Nudeln mit Rindfleisch-Paprika-
  Sugo 98
 Paprikasuppe mit Hähnchenspieß 142
 Polenta mit Ratatouille 126
 Schwarze Nudeln mit Pilzen auf
  Paprikasauce 140
 Shakshuka mit Paprika, Aubergine
  und Feta 183
 Zitronen-Hackfleisch-Paprika mit Reis 114
Pausenbrötchen mit Aprikosen und Nüssen 22
Penne con fagioli, salsiccia et cioccolata 95
Pesto 88
Pilze
 Patisson mit Pilzen 156
 Pilz-Schnitten 159
 Schwarze Nudeln mit Pilzen auf
  Paprikasauce 140
 Spinatwähe mit gemischten Pilze 76
Pistazien, Eis mit Karamell-Pistazien-
 Topping 290
Pizza salsiccia e cipolle 72
Polenta mit Ratatouille 126
Pommes frites 288
Porridge, Apfel-Porridge 290

Quitten
 Karotten-Quitten-Suppe 56
 Quittengelee 19

Ragù vom Rind und Schwein 118
Ras el-Hanout, Zucchini-Farfalle 164
Ratatouille, Polenta mit 126

Ravioli mit Spinat-Ricotta-Füllung 130
Reis
 Arroz con pollo 195
 Curry-Huhn auf Kokosreis 288
 Gebratener Reis mit Gemüse 116
 Zitronen-Hackfleisch-Paprika
  mit Reis 114
 Italienische Reisbällchen (Arancini) 93
 Reisküchlein mit Lauch und Dip 122
Ricotta, Ravioli mit Spinat-Ricotta-
 Füllung 130
Rigatoni mit Thunfisch 84
Rigatoniauflauf mit Krautstiel (Mangold) 86
Rindfleisch
 3-Stunden-Ragù vom Rind und
  Schwein 118
 Breite Nudeln mit Rindfleisch-Paprika-
  Sugo 98
 Kinder-Chili 239
 Rindsschnitzel (Saftplätzli) mit Gemüse
  und Kartoffelpüree 215
 Rindsragout mit Karotten und
  Wermut 200
 Vollkornreis mit Rindfleisch und
  Brokkoli 120
Risotto
 Safran-Risotto mit gebratenem
  Gemüse 91
 Tomaten-Risotto 286
Rosmarin, Tomatensauce mit Butter und
 Rosmarin 100
Rösti, Kartoffelrösti und Geschnetzeltes 172
Rotkohl, Apfel-Rotkohl mit Kastanien 144
Ruchbrot 14

Safran-Risotto mit gebratenem Gemüse 91
Salatsaucen 174
Salbei
 Flammkuchen mit Kürbis und Salbei 80
 Ofenguck mit Speck und Salbei 217
Salsiccia, Pizza salsiccia e cipolle 72
Sauerrahmeis mit Limette 246
Schinken, Krautstiel (Mangold) mit 170
Schnecken, Zimt-Kardamom- 264
Schokolade
 Chocolate-Chip-Cookies 268
 Brotaufstrich aus Haselnüssen und

Schokolade 30
    Fior di Latte con cioccolata 248
    Gefüllter Schokoladenkuchen 274
Schwein
    3-Stunden-Ragù vom Rind und Schwein 118
    Karotteneintopf mit Schweinsbratwurst 160
    Schweinsnierstückbraten mit Lauch 220
Sellerie
    Linsensalat mit Sellerie, Fenchel und Apfel 242
    Selleriesuppe mit Birne und geräucherter Forelle 63
Shakshuka
    Kefta auf Shakshuka 185
    Shakshuka mit Paprika, Aubergine und Feta 183
Siedfleisch vom Kalb 208
Sirup, Ice-Tea- 252
Spaghetti
    Sommer-Spaghetti 286
    Spaghetti mit Lachs und Spinat 286
Spaghettini mit Lauch, Speck und Knoblauch 94
Speck
    Karottensuppe mit Speck 62
    Ofenguck mit Speck und Salbei 217
    Spaghettini mit Lauch, Speck und Knoblauch 94
Spinat
    Grießschnitten auf Spinat 107
    Ravioli mit Spinat-Ricotta-Füllung 130
    Spaghetti mit Lachs und Spinat 286
    Spinatwähe mit gemischten Pilzen 76
Steinpilze, Hackbraten mit Steinpilzen an Morchelsauce 212
Streusel, Apfel-Brombeeren-Auflauf 257
Suppen
    Bündner Gerstensuppe 42
    Gazpacho 58
    Gute-Besserungs-Hühnersuppe 47
    Karotten-Quitten-Suppe 56
    Karottensuppe mit Speck 62
    Kartoffel-Linsen-Suppe mit Wurst 232
    Kürbissuppe mit Linsen 48

    Kohlrabisuppe 60
    Selleriesuppe mit Birne und geräucherter Forelle

Thunfisch, Rigatoni mit Thunfisch 84
Thymian, Dorade mit Thymian-Karotten 186
Tomate
    Brühe mit Huhn und Tomate 41
    Linguine mit Tomaten und Auberginen 99
    Polenta mit Ratatouille 126
    Tomaten-Kartoffel-Wähe 78
    Tomaten-Risotto 286
    Tomatensauce mit Butter und Rosmarin 100

Vinaigrette, Artischocken mit Eier-Vinaigrette 146
Vitello tonnato 210
Vollkornbrot, 5-Minuten- 28
Vollkornreis mit Rindfleisch und Brokkoli 120
Vollkornreisküchlein mit Lauch und Dip 122

Wähenteig, Grundrezept (Kuchenteig) 68
Wermut, Rindsragout mit Karotten und Wermut 200
Wienerli (Frankfurter) und Gemüse im Teig 288
Wirz-Lasagne 181
Wurst, Kartoffel-Linsen-Suppe mit Wurst 232

Ziegenkäse, Feigentarte mit Ziegenkäse 71
Zimt-Kardamom-Schnecken 264
Zitrone
    Brathähnchen mit Zitrone und Gemüse 193
    Zitronen-Hackfleisch-Paprika mit Reis 114
    Zitronen-Heidelbeer-Muffins 272
    Zitronenmayonnaise 286
Zopftiere 24
Zucchini
    Gefüllte Zucchini 152
    Kürbissalat mit Zucchini und Feta 176
    Zucchini mit köstlicher Fleischfüllung 222
    Zucchini-Farfalle Ras el-Hanout 164
Zwetschgen, Grießauflauf 105

Lieben Dank an:

Andre für die tollen Fotografien und das schöne Layout und einfach dafür, dass er sich mit mir auf die Reise begeben und dieses Buch gemacht hat. Lino für sein Interesse am Kochen, sein tatkräftiges Anpacken und seine großzügigen Komplimente. Charlotte für ihren entrückten Ausdruck, wenn sie eine Teigschüssel ausleckt, und für ihre Bereitschaft, immer wieder zu probieren (»schmeckt ja besser, als ich gedacht habe!«). Meine Mutter dafür, dass sie mit mir Krautstiele und Kartoffeln im Garten angebaut und mich gelehrt hat, daraus etwas Leckeres zu kochen. Meinen Vater für die Beharrlichkeit, mit der er das kleine Kochbüchlein benutzt das ich ihm als Zehnjährige geschrieben habe (»für die komplizierteren Sachen wie Risotto«), Lisbeth dafür, dass sie unsere Kinder gehütet und für uns gekocht hat, wenn wir vor lauter Kochbuchschreiben nicht mehr dazu gekommen sind. Mamaken für die Erinnerung an die Haferflockenguetsli. Großmuetti für all die köstlichen Weihnachtslebkuchen und das Rezept dazu. Alle meine Testesser, ohne die Kochen nur halb so viel Spaß machen würde: Simone, Fleur, Lynn, Melvin und Juna für die Ernsthaftigkeit, mit der sie ihre Rolle ausgefüllt haben, und für die lieben Komplimente, mit der sie mich durch die Aprikosen-Nuss-Brötchen-Backkrise getröstet haben. Simone auch für die Bestärkung, in Momenten, als ich diese nötig hatte. Nora, Laura und Emma für das Probieren der verschiedenen Eissorten. Nina für das Knäckebrotrezept. Peter für den Hinweis, dass die Pfirsiche auf dem Aprikosen-Kuchen vollkommen überflüssig sind. Andrea für das Kastanien-Cake-Rezept, das sie mir vor zehn Jahren auf einen Zettel geschrieben hat. Lisa, Ruedi, Leo und Giacomo dafür, dass sie den Schweinebraten ins Buch gehievt haben, und ganz einfach für all die lustigen Abendessen. Sandra, Marc und Basil für geduldiges Degustieren mehr oder weniger ausgereifter Rezeptideen. Lea, Mike, Emma, Hector und Jodok für den Mut, mein Chili zu probieren. Regula, Barbara und Kathrin für das Auftauen von eisigem Pastasugo und aufmerksame Rückmeldungen. Barbara natürlich auch für die Äpfel. Mika für das Tomatenketchup-Kochen und Laslo für hilfreiche Kritik (»eher wie Tomatensuppe«). Janna und Julian für unschlagbar treffende Kommentare (»in diesem Poulet sind ja noch Knochen drin!«). Boris und Lea für die Inspiration zum Wermut-Ragout und unzählige gute Weine. Andreas, Dominique, Nina und Rhea für ihre Freude an den Spinat-Ricotta-Ravioli. Tine Giaccobo und Katharina Sinniger dafür, dass sie sich die Zeit genommen haben, für mich ein Rezept aufzuschreiben, obwohl sie eigentlich keine (Zeit) hatten. Marcel Erzinger und Franziska Kempf für das unschlagbare Pizzarezept. Samuel Binkert und Daniela Helbling Binkert für die wunderbaren Ravioli. Stefan Grieder und Jérôme Beurret für die Hamburger-Offenbarung. Myriam Tripod für unzählige köstliche Falafeln an ihrem Stand und das Rezept dazu. Mathias Wirth für den besten Sirup, den wir je getrunken haben. Sarah Huber für ihre Freude am Essen und den sensationellen Cake. Marguerite Dunitz-Scheer für ihr Plädoyer zur Gelassenheit. Walter Leimgruber für das inspirierende Gespräch. Dagmar l'Allemand für ihre klare Haltung. Tinu Balmer für die Möglichkeit, sein wildes Gemüse auf dem Pflanzplatz Dunkelhölzli zu fotografieren. Andreas Kilchör für ein tieferes Verständnis für alles, was in der Tiefkühltruhe passiert. Dem Medienhaus Tamedia für die Verleihung des Tamedia-Förderpreises, der es mir überhaupt erst ermöglicht hat, dieses Projekt in Angriff zu nehmen. Lisa Feldmann für ihre spontane Begeisterung. Annabelle-Chefredaktorin Silvia Binggeli für ihre Unterstützung und die »Julia & Julia«-DVD, die mir eine nachhaltige Inspiration war. Bruno Ziauddin für Wohlwollen und hilfreiche Ratschläge. Barbara, Stefanie, Frank, Claudia, Helene, Sven und Barbara dafür, dass sie während meiner Auszeit die ganze Arbeit alleine gemacht haben. Peter für die Möglichkeit, meine Rezepte in einem Magazin zu publizieren. Urs Hunziker vom AT Verlag und all seinen Mitarbeiterinnen und Mitarbeitern für die nette Zusammenarbeit.

Die Autorin

Julia Hofer, 1970 geboren, langjährige Redaktorin der Zeitschrift »annabelle« und ausgezeichnet mit dem Zürcher Journalistenpreis. Heute ist sie Redaktionsleiterin der Zeitschrift »Beobachter Natur« und bekocht ihre Familie in Winterthur.

Der Fotograf

Andre Schneider, 1967 geboren, seit 2004 selbstständiger Grafiker. Zuvor Gründer und Partner der Kommunikationsagentur Popeye (Zürich). Teilt die Leidenschaft für gutes Essen mit seiner Frau und Lieblingsköchin Julia Hofer.